UN LOUP
NOMMÉ
YVES THÉRIAULT

DANS LA MÊME COLLECTION

Germain Beaulieu: *Recettes végétariennes*

Yvon Paré: *Le réflexe d'Adam*

Gabrielle Gourdeau: *L'âge dur*

Gabrielle Gourdeau: *L'écho du silence*

Gabrielle Gourdeau: *Maria Chapdelaine ou le Paradis retrouvé*

Roger Fournier: *Les mauvaises pensées*

Margaret Atwood et Victor-Lévy Beaulieu: *Deux sollicitudes*

Raymond Beaudry et Hugues Dionne:
En quête d'une communauté locale

Germain Beaulieu: *Nouvelles recettes végétariennes*

Victor-Lévy Beaulieu: *La guerre des clochers*

Victor-Lévy Beaulieu: *Beauté féroce*

Victor-Lévy Beaulieu: *Les contes québécois du grand-père forgeron à son petit-fils Bouscotte*

Roméo Bouchard: *Rebâtir les campagnes*

Mathias Carvalho, traduction, avant-propos et postface
de Jean Morisset: *Riel, poèmes amériquains*

Yves Desgagnés: *Le nombril du monde*

Roger Fournier: *Le pied*

Claudie Gignac: *Les heures lentes*

Daniel Jacoby: *Le protecteur du citoyen*

Sylvain Rivière: *Migrance*

Sylvain Rivière: *La saison des quêteux*

Sylvain Rivière: *Une boussole à la place du cœur*

Sylvain Rivière, Madeleine Gagnon, Victor-Lévy Beaulieu
et Denis Leblond: *Pièces de résistance en quatre services*

Ben Weider: *Napoléon, liberté, égalité, fraternité*

Nicole Filion: *Nouvelles locales*

Renaud Longchamps: *Fiches anthropologiques de Caïn*

Abla Farhoud: *Maudite machine*

Ying-Yang Long Dong: *Le tour de ma vie en 80 glands*

VICTOR-LEVY BEAULIEU

UN LOUP NOMMÉ YVES THÉRIAULT

ESSAI

ÉDITIONS TROIS-PISTOLES

INÉDITS

Éditions Trois-Pistoles
400, rue Jean-Rioux, bureau 272
Trois-Pistoles G0L 4K0
Téléphone : 418-851-8888
Télécopieur : 418-851-8888
C. élect. : ecrivain@quebectel.com

Conception graphique et montage : Roger Des Roches
Révision : Monique Thouin
Couverture : Mia et Klauss

Les Éditions Trois-Pistoles bénéficient des programmes d'aide à
la publication du Conseil des Arts du Canada, du ministère du
Patrimoine (PADIÉ) et de la Société de développement des
entreprises culturelles du Québec (SODEC).

EN EUROPE (COMPTOIR DE VENTES)
Librairie du Québec
30, rue Gay Lussac
75005 Paris, France
Téléphone : 43 54 49 02
Télécopieur : 43 54 39 15

PS
8539
.H4
257
1999

ISBN 2-921898-70-5
Dépôt légal : Bibliothèque nationale du Québec, 1999
Dépôt légal : Bibliothèque nationale du Canada, 1999

*À deux grands compagnons
d'Yves Thériault, en toute
complicité: Renald Bérubé
et André Carpentier.*

1

« C'est comme ça que le matin fait
au printemps quand il naît dans la brume
et qu'il s'épanouit ensuite. »

Contes pour un homme seul

Ce que je voudrais d'abord faire savoir, c'est le très grand respect que j'ai toujours eu pour Yves Thériault. Et pour qu'on comprenne bien de quoi il s'agit quand je dis cela, il me faut remonter assez loin dans le temps, à cette époque où, venant des bas-fonds de Saint-Jean-de-Dieu, ma famille dut s'exiler à Montréal, le pays des ancêtres n'étant plus là que pour la forme, en train de se voir reboiser par de savants fonctionnaires ignorants de ce que la vie avait déjà été aux Trois-Pistoles et ailleurs. Tout ce temps d'hommes qui s'usaient à abattre des arbres, à essoucher, à dérocher, faisant avec de longues digues de cailloux les frontières mêmes du monde qu'ils connaissaient puisque c'était celui-là qu'ils habitaient, leurs corps s'y défendant, mais n'ayant pas le choix d'être autrement, la tribu si facilement reconnaissable dans ses enfants morveux l'exigeant et l'autorisant.

Mon grand-père Charles fut l'un de ces hommes-là. Né de rien parce qu'habitant un pays où ce que l'on est ne représente jamais que la moins bonne part des choses, il dut, à quatorze ans d'âge, renoncer à sa famille désormais exilée dans les hauts du Massachussets, et aller s'établir dans Saint-Jean-de-Dieu — cet arrière-pays de la grande misère sociale déjà abandonné par tous ces petits faiseurs que, de tout temps, ont été les politiciens, ces gens méconnaissants de la souffrance collective parce que, pareils aux poux de baleine, ils vivent collés à elle et s'en nourrissent.

Mon grand-père maternel mouva donc des Trois-Pistoles à Saint-Jean-de-Dieu. À quinze ans, il acheta un lot du ministère de la Colonisation au bout du huitième rang et se mit à défricher à la hache et à la sciotte, campant dans une cabane faite de branchages. Six mois plus tard, il tomba en amour avec une grosse fille d'habitant qu'il fréquenta trois fois avant de lui demander de l'épouser. Les enfants vinrent rapidement et nombreux, une quinzaine en même pas vingt ans. Mais la terre n'était pas riche — trop de crans rocheux partout, trop de tenace fardoche, trop de bêtes sauvages courant après le cheptel. Si mon grand-père ne se découragea pas, c'est qu'il n'avait jamais connu que la petite misère, celle que le bon chrétien devait assumer si, après sa mort, il voulait entrer dans le royaume des cieux. Il était donc tout à fait normal de se mortifier et de se sacrifier, de trimer dur dès l'aurore, le corps emprisonné dans des sous-vêtements de laine même dans les grandes chaleurs de l'été: les moustiques restaient pris dans la laine et la sueur, ils y mouraient avant d'atteindre la peau.

Dans ma petite enfance, je ne savais pas grand-chose de la vie de mon grand-père maternel. Même si nous n'habitions qu'à une quinzaine de milles de chez lui, nous n'allions pas souvent le voir au bout du huitième rang de Saint-Jean-de-Dieu. Ça se voiturait mal à cheval, surtout l'hiver et le printemps quand les chemins se mettaient à défoncer ou que la rivière Boisbouscache débordait de son lit, coupant toute route menant chez mon grand-père maternel. On n'y allait même pas pour célébrer la nouvelle année, mon père préférant fêter dans le monde de sa propre famille aux Trois-Pistoles. Si mon grand-père maternel y venait parfois, ce n'était que pour y faire ferrer ses chevaux à la boutique de forge de la rue Vézina. Mon grand-père paternel était un maréchal-ferrant hors du commun: même les jeunes étalons rétifs ne résistaient pas longtemps à la poigne de fer qu'il avait. Faut dire qu'à cette époque-là, on était plutôt rude avec les bêtes: on ne se gênait pas pour les fouetter, les battre ou même les mutiler quand elles se montraient moins dociles que ce qu'on attendait d'elles. De cette violence-là, j'en ai gardé un inoubliable souvenir d'enfance que je raconterai tantôt. Pour l'instant, m'importe davantage l'image que j'avais de mon grand-père maternel quand, en attendant que soient referrés ses chevaux, il venait boire du thé glacé dans ce restaurant que tenait ma mère près de l'aréna des Trois-Pistoles. C'était un tout petit homme chauve qui portait une impressionnante moustache, sans doute pour mieux nous cacher jusqu'à quel point ses dents étaient mauvaises – de noirs chicots plantés tout de travers dans sa bouche et dont il se débarrassait lui-même quand ça lui faisait trop mal: il entourait la dent malade d'un petit fil de fer qu'il attachait ensuite à une poignée de porte ouverte puis, d'un brusque geste de la main, il refermait la porte, la bouche grande ouverte pour que le chicot en sorte. Il était fier de dire qu'il n'avait jamais vu un médecin de sa vie; sa bonne santé, il l'attribuait aux morceaux de lard salé dont il faisait collation deux fois par jour. Il disait: «Mangez-en comme moi et vous allez devenir des hommes pour toute la vie.» Étant certain que mon grand-père ne pouvait qu'avoir raison, je descendais régulièrement à la cave, ouvrais la grosse jarre de grès. Par longues lanières, le lard baignait dans la saumure. Cette curieuse odeur de ranci qui me remplissait la bouche dès que je me mettais à mastiquer, ça n'avait rien d'agréable mais je voulais tellement devenir un homme avec une grosse moustache comme celle de mon grand-père que j'avalais tout le lard que je pouvais.

C'est le seul souvenir de ma petite enfance que je garde par-devers mon grand-père maternel. Il n'en serait probablement jamais venu d'autres si le hasard de la vie n'était pas venu changer la donne familiale. Dans les années cinquante, quand tu ne votais pas du bon bord aux élections provinciales, le risque était grand pour que tu en perdes ton emploi. C'est ce qui arriva à mon père qui épandait de la gravelle sur les chemins de l'arrière-pays. Ce n'était guère payant mais c'était déjà mieux que de trier des patates pourries dans le sombre caveau de la Coopérative agricole. Devenu chômeur, mon père passa presque toute une année à se chercher de l'ouvrage, dans un petit pays qui ne connaissait rien du boum économique de l'après-guerre. Avec douze enfants à nourrir, c'était bien assez pour qu'il en tombât malade. Mon père passait ses nuits assis dans le noir, à fumer du mauvais tabac, une bassine sur ses genoux parce qu'il n'arrêtait pas de vomir — cet ulcère à l'estomac qui le rendait méconnaissable même par-devers nous les enfants : plus de musique et plus de contes avant que nous nous endormions, tous tassés contre lui en train de nous narrer les exploits du docteur l'Indienne ou ceux, encore plus apeurants, de la Jongleuse de Rivière-Ouelle. Notre maison était devenue triste comme la mort. Dans tous les racoins, les grands oiseaux noirs de la déprime guettaient en poussant de sombres cris malsonnants.

Au printemps de 1954, il ne restait plus rien du vieux gagné que ma mère avait accumulé dans son bas de laine. Il faudrait se résoudre bientôt à hypothéquer la maison, le seul bien qui nous appartenait encore. Après, nous serions devenus pauvres pour de bon, aussi misé-rables que les Mantines ou les Pit à Paul qui devaient leur survivance aux secours publics. Orgueilleux comme il l'était, mon père n'aurait pas passé au travers d'une pareille déchéance. Aussi se résolut-il à acheter un sem-blant de ferme au beau milieu du rang Rallonge de Saint-Jean-de-Dieu. Nous y déménageâmes au début de mai, dans le vieux camion à pitounes de Jos Fortin. Dans le rang Rallonge, nous y passerions cinq années et je m'en souviendrai toujours comme des plus belles que j'aurai jamais vécues.

Mon père ne connaissait rien au métier de cultiva-teur. Il n'apprenait pas rapidement non plus, surtout quand c'était ma mère qui le conseillait ou critiquait les décisions qu'il prenait, presque toujours injustifiables. On se serait cru dans *Les arpents verts*, ce feuilleton télé-visé américain dans lequel le cochon Arnold faisait preuve d'une plus grande intelligence que ses maîtres new-yorkais devenus fermiers. Par exemple, mon père fit un premier chantier dans les écores de la Boisbouscache. Quand la fonte des neiges survint, il attela le vieil Allis Chalmer à la ouaguine et invita toute la famille à y prendre place. Nous traversâmes le grand pacage des taurailles puis, sur le platin qui menait aux écores, nous bûmes du thé glacé et mangeâmes des sandwiches, tout l'espace du rang Rallonge devant nos yeux. Ma mère manqua tout vomir d'un seul coup quand elle vit l'œuvre hivernale de mon père, le bûcher dont il était pourtant si fier − trente cordes de bois coupé à la hache et à la sciotte, sur une épaisse couche de neige que le froid avait solidifiée comme une croûte de tarte. Plutôt que de fouler la neige au pied des arbres, mon père avait abattu les longs sapins et les grosses épinettes sans tenir compte des quelques pieds de neige entassés dur dessous. Avec l'arrivée du printemps, le panorama devant nous était dantesque: partout, ce n'était que souches d'arbre s'élevant jusqu'à dix pieds dans les airs, comme ces impressionnants chicots qui déformaient la bouche de mon grand-père.

— Si les voisins voient un pareil gâchis, nous allons faire rire de nous autres dans toute la paroisse! s'écria ma mère catastrophée.

Mes frères et moi, nous nous retrouvâmes donc dans les écores de la Boisbouscache, haches et sciottes dans les mains, à rabattre au sol les souches de sapins et d'épinettes abattus indignement par mon père. Ma mère en tira leçon: elle fit désormais appel à mon grand-père dès qu'un problème d'intendance se présentait chez nous, ce qui était coutumier. Mon grand-père venait pour les semailles parce que mon père n'arrivait pas à mélanger comme il faut les grains qu'il fallait mettre en terre pour la nourriture du bétail; il venait aussi pour la tonte des moutons, l'enlèvement de la moutarde sauvage dans les champs d'orge, d'avoine et de blé, l'irrigation des fondrières, le chaulage des bâtiments, les moissons et l'émasculation des cochonnets, la scène la plus violente de mon enfance dont j'ai gardé le souvenir.

À la pierre ponce, mon grand-père aiguisait son gros couteau, les deux pieds bien plantés dans le fumier qu'il y avait tout autour de la soue. Puis mon père en sortait, tenant un goret dans ses bras, comme s'il s'était agi d'un enfant à bercer tellement il y mettait de la compassion. Mon grand-père était moins avenant: il ramassait le cochonnet par ses deux pattes de devant, l'étendait sur la petite table de pin et, d'un seul coup de couteau, il entaillait la bourse de haut en bas avant d'y mettre la main pour en retirer les amourettes qu'il lançait au chien débile que nous avions. C'était encore la faute de mon père si Fred n'avait plus toute sa tête à lui. Après avoir mis les moutons au pacage dans un abattis, on s'en fit étrangler quelques-uns. On retrouvait la bête quelque part dans un fourré, le cou cassé et baignant dans son sang. Ça ne pouvait pas être l'œuvre d'un loup, d'un coyote ou même d'un renard puisque le mouton, à part sa blessure au cou, ne souffrait d'aucune mutilation. Mon père porta ses soupçons sur Fred qui aimait aller chasser dans les bois, ce pour quoi il n'était pas très doué: il en revenait souvent fort amoché, comme ce soir-là qu'il se présenta à l'étable alors que nous étions en train de traire les vaches. Fred s'était attaqué à un porc-épic qui lui avait refilé ses piquants plein la gueule. Mon père dut les lui enlever un à un en se servant d'une paire de pinces, le chien hurlant comme s'il avait été un cochon en train d'être égorgé.

Mais dès que Fred fut guéri, son instinct de chasseur le reprit de plus belle. Les perdrix, les lièvres et les rats d'eau qu'il rapportait à la maison écœuraient ma mère qui s'en défaisait à grands coups de balai, loin de la galerie sur laquelle Fred aimait accumuler son butin. Quand l'épisode des moutons saignés à mort arriva, ce fut mon père qui passa à l'attaque contre Fred : il installa deux poteaux de chaque bord du grand potager, il y suspendit un fil de fer et y installa Fred au bout d'une longue chaîne. Quelques jours plus tard, un énorme orage s'abattit sur le rang Rallonge. Mon père qui avait peur du tonnerre et des éclairs nous sortit tous de nos lits et nous rassembla au milieu de la cuisine. Pendant que nous étions à genoux et récitions les litanies, il aspergeait les murs d'eau bénite à même une bouteille de gros gin. Des prises de courant sortaient des boules de feu qui traversaient la maison de part en part. Puis il y eut ce violent coup de tonnerre, le plancher de la cuisine se mit à vibrer comme une corde de violon et nous comprîmes tous que la foudre venait de tomber, sans doute sur le grand frêne à côté de la maison, là même où Fred avait creusé sa tanière sous les racines. L'orage s'en étant allé avec le petit matin, nous suivîmes mon père dehors. Toujours muni de sa bouteille de gros gin presque vide de toute son eau bénite, il fut le premier à voir les branches calcinées du grand frêne. Mais Fred n'était pas dessous – qu'un bout de la grosse chaîne, tout noirci par la foudre. Fred avait dû être atteint par elle et, transporté par la peur et la souffrance, le diable de la mort en avait fait son affaire, quelque part dans une talle de fardoches du Coteau des épinettes.

Pourtant, Fred réapparut une dizaine de jours plus tard, plus un poil sur la moitié du corps, un œil crevé et une oreille en moins. Mon père aurait voulu lui loger une balle dans la tête mais ma mère, qui n'aimait pourtant pas Fred, s'y opposa : le chien appartenait à mon frère aîné dont on était sans nouvelles depuis deux ans. Il s'était enfui de la maison après avoir reçu de mon père quelques coups de pied au cul parce qu'il aurait refusé de nettoyer la soue : « Achetez-moi d'abord des bottes. Je gratterai les cochons après. » Toute allusion à notre pauvreté humiliait mon père et le rendait mauvais, surtout si mon frère aîné était en cause. Ma mère l'aimait et il aimait ma mère, ce qui était bien suffisant pour rendre mon père jaloux et vindicatif, ce qu'il était si peu dans le quotidien des choses, bien trop bonasse pour s'exciter le poil des jambes avec n'importe quelle contrariété.

Grâce à ma mère, Fred survécut donc à la foudre. Mais ce n'était plus vraiment un chien – quelque chose s'était cassé dans sa tête, il n'écoutait plus rien, sauf le bruit que faisait le moteur du tracteur ; il le suivait partout en jappant après lui et, quand mon père l'abandonnait au milieu d'un champ pour venir manger à la maison, Fred ne s'éloignait pas du tracteur. Il creusait un trou derrière et se couchait dedans en hurlant à la lune même quand il faisait un soleil de plomb.

Deux ans après avoir acheté la ferme de Saint-Jean-de-Dieu, mon père partit pour Montréal. Il fallait agrandir l'étable et en radouber le toit. En travaillant pour les sœurs de la Providence dans l'asile du même nom à Rivière-des-Prairies, mon père comptait bien accumuler ce magot dont on avait besoin pour passer de la survivance à la prospérité. À l'un de mes frères et à moi furent confiés les travaux de la ferme. J'avais dix ans et mon frère quatorze. Jusqu'alors, je trayais les vaches, je soignais les veaux et les cochons, j'aidais pour la rentrée des foins et des grains, je réparais les clôtures abîmées et je nettoyais les champs d'orge et d'avoine de la moutarde sauvage qui les envahissait au beau mitan de l'été. Le reste du temps, je réalisais mes rêves d'enfance : quand le printemps arrivait, je plantais plein d'arbres partout autour de la maison et des bâtiments parce que j'avais lu cette édition spéciale du *Bulletin des agriculteurs* consacrée à l'ordre du Mérite agricole et compris qu'on ne pouvait en remporter la palme si on habitait un monde dégarni de beauté. Même si mes frères s'acharnaient à déraciner tout ce que je mettais en terre, je n'abandonnais pas, ni pour les arbres, ni pour les arbustes, ni pour les plantes sauvages que j'allais quérir dans les bois et dans les champs. J'entrepris aussi de nettoyer le peuplement des grands trembles qui bordaient la rivière Boisbouscache coulant derrière la soue et les hangars. Pour en sortir les bûches que je coupais à la sciotte, je m'attelais à une traîne sauvage sous laquelle j'avais mis des essieux et des roues; la plus jeune de mes sœurs s'assoyait sur le chargement et me fouettait les jambes d'une hart rouge pour que le cheval en moi puisse monter sans défaillir la côte abrupte qui menait à la soue et aux hangars.

Quand j'en eus fini avec le sarclage du peuplement des grands trembles, je défrichai un carré de terre à l'orée du boisé et en fis un vrai potager. Je détournai une partie de la source qui coulait derrière la grange à l'aide d'un vieux boyau d'arrosage que j'enterrai sous six pouces de couenne un jour que mes frères n'étaient pas dans les environs car ils auraient fait avec mon ingénieux système d'irrigation la même chose qu'avec les arbres que je plantais : ils auraient tout saccagé.

Cette partie-là de mon enfance, je l'ai vécue au beau mitan d'un rêve complètement inventé par moi. Le cheval y était mon dieu tutélaire, je m'identifiais à lui même quand j'allais à l'école, y courant avec le jarret tendu et les narines ouvertes. J'avais même coupé une partie de la crinière du vieil étalon qu'on possédait afin de fabriquer une queue que je m'attachais au derrière, ce qui me donnait l'impression de trotter encore plus rapidement.

Si je suis passé du mythe du cheval à celui de l'aviateur, ce fut l'œuvre du hasard. Parce que nous étions pauvres, une vieille tante, qui habitait à Fall River aux États-Unis, nous envoyait régulièrement de pleines caisses de linge que ses enfants ne portaient plus. Peu après le départ de mon père pour Montréal, nous en reçûmes une dont le contenu changea toute la symbolique

de mon enfance. Imaginez! Au milieu de l'amas de gue-
nilles, il y avait de belles bottes d'aviateur, un veſton de
cuir et un superbe casque tout doublé en peau de mouton, avec la plus extraordinaire paire de lunettes jamais
vue par un enfant de dix ans. Comme j'étais plus costaud que mes frères puisque j'avais grandi aussi vite que
la moutarde sauvage que j'arrachais dans les champs
d'orge et d'avoine, les belles bottes d'aviateur, le veſton
de cuir et le superbe casque tout doublé en peau de
mouton, avec la plus extraordinaire paire de lunettes
jamais vue par un enfant de dix ans, me revinrent pour
ainsi dire de droit. Dès que je m'en affublai, je devins un
cheval-aviateur: je ne me contentais plus de courir mais
je volais littéralement, à mille milles du rang Rallonge
et de Saint-Jean-de-Dieu, plus loin encore que le vaſte
monde dans lequel mon frère aîné était disparu après
que mon père lui eut botté le derrière. Que d'hiſtoires
ai-je ainsi inventées, pleines de cette chaude sensualité
qui me venait de mon identification au cheval et à celle,
maintenant tout aérienne, de l'aviateur! Elles me confir-
mèrent dans l'idée que j'avais toujours eue de ma différence parce que j'étais né gaucher dans un monde où
c'était interdit.

Mon père œuvrant parmi les hydrocéphales et les
oligophrènes du Mont-Providence, y prenant goût au
point d'espacer ses visites à la maison, ma mère, en
bonne fille d'habitant qu'elle était, voulut lui démontrer
tout ce dont elle était capable en dépit du fait qu'une
phlébite l'obligeait à faire tout son ordinaire en se tenant assise sur une chaise, la jambe droite reposant sur

un pouf. Sans se lever, ma mère se déplaçait ainsi dans la maison en vaquant comme si de rien n'était aux tâches domestiques. Comme elle ne pouvait se rendre ainsi ni à l'étable ni dans les champs, elle fit de mon frère plus âgé et de moi-même ses contremaîtres. Les trois années que la chose dura furent les plus belles de mon existence. Quelle liberté c'était, Dieu de tous les ciels! Mes belles bottes d'aviateur aux pieds, mon veston de cuir sur le dos, casqué et les yeux bien à l'abri sous les grandes lunettes, le diable m'emportait dans les champs quand je conduisais le gros tracteur Case que mon père avait acheté pour remplacer enfin l'Allis Chalmer devenu inservible. Chez nous puis chez les voisins, à labourer, ramasser les cailloux, herser, semer, couper les foins et moissonner, récolter les patates, vanner les grains et faire boucherie. Nous étions si vaillants que pendant l'absence de mon père, le troupeau passa de huit vaches à vingt-trois et les moutons de cinq à trente. On avait remplacé la plus grande partie de l'équipement aratoire, l'extérieur de la maison avait été repeint et tous les bâtiments soigneusement chaulés. Du train qu'on était partis, nous serions bientôt photographiés dans *Le bulletin des agriculteurs* en tant que grands lauréats de la médaille d'or du Mérite agricole.

Mais ainsi que je l'ai déjà raconté dans mon roman *Race de monde*, ce ne sont pas les bonnes sœurs du Mont-Providence qui poussèrent mon père à redevenir cultivateur. Il aimait trop porter de beaux habits bien pressés, des chemises blanches et de fines cravates, reliquats de son adolescence bourgeoise aux Trois-Pistoles.

Obligé à jouer à l'habitant malgré lui, il ne quitta jamais le rang Rallonge pour se rendre même au village de Saint-Jean-de-Dieu sans s'endimancher. Quand il allait faire moudre les grains, il montait sur le tracteur dans son meilleur costume, les pieds dans des souliers que ma mère avait cirés et frottés pendant au moins une heure. Mon père ne voyait pas la vie autrement que bien propre et bien empesé. Logé par les bonnes sœurs portées sur le vestimentaire entretenu avec soin, nourri par elles qui l'avaient guéri de ses ulcères à l'estomac, ce qui ne pouvait être qu'un authentique miracle, mon père fut habité de nouveau par le rêve de sa jeunesse qui était de devenir curé. À s'occuper des pensionnaires de l'asile du Mont-Providence, il prétendait faire plus de bien à Montréal qu'à Saint-Jean-de-Dieu. Il en prévint toute la famille par une longue lettre qu'aurait pu écrire l'abbé Chiniquy avant son apostasie tellement Dieu et le peuple de ses anges y revenaient souvent.

L'idée d'abandonner une ferme dont nous nous occupions si bien depuis trois ans fut une véritable catastrophe pour mon frère et moi. Nous étions si heureux dans le rang Rallonge que nous pensions tous deux y passer toute notre vie. Nous avions de grands projets d'expansion : défricher les riches platins de la Boisbouscache, rendre cultivables les abattis du Coteau des épinettes, canaliser le ruisseau Francis du clos des moutons pour en faire ce lac que nous voulions ensemencer de truites saumonées. D'un seul coup, la lettre édifiante de mon père mettait la hache dans tous nos rêves. Mon frère et moi, nous protestâmes si bien quand mon père vint à la maison pour préparer le grand déménagement qu'il accepta de nous voir rester dans le rang Rallonge. Seuls quelques vaches, quelques veaux et quelques cochons seraient vendus afin de payer les frais encourus par la mouvance familiale de Saint-Jean-de-Dieu à Montréal. Mon frère et moi, nous aurions un an pour démontrer ce que nous pouvions faire. Si tout allait bien, mon père promettait de nous céder définitivement la ferme, les terres et les bêtes qui y pacageaient.

Mais mes parents eurent le malheur d'en parler au curé du village. Ce fut désastreux pour mon frère et moi:

— Quels parents êtes-vous donc? interrogea le vieux prêtre dont les sermons hargneux et parfaitement crétins étaient la risée de toute la paroisse. Pensez-vous vraiment que deux enfants de dix-sept et de treize ans puissent être ainsi abandonnés à eux-mêmes sans conséquences néfastes pour leur salut éternel? Les pires péchés les guettent! Vous devriez pourtant le savoir après tous les troubles que vos deux garçons ont donnés aux institutrices de l'école de la Rallonge!

Le curé faisait allusion aux mauvais coups commis par mon frère et moi les jours que nous allions à l'école, ce qui avait fini par arriver de moins en moins souvent puisque les travaux à faire sur la ferme nous conscrivaient une semaine sur deux. Mais quand nous prenions nos places derrière nos pupitres d'écoliers, nous n'étions pas vraiment du monde: armés de rondins de bouleau, nous chahutions l'institutrice; dans le boisé derrière l'école, nous avions construit une cabane que nous appelions l'université populaire de la Rallonge, et nous y fumions des cigarettes d'écorce de cèdre tout en nous livrant à de fabuleux cours sur l'anatomie humaine — quelles fesses elle avait la grosse Émérencienne que nous forcions à se déshabiller devant nous! Et quelle paire de tétons aussi, comme deux gros pis de vache pleine! Et ce sexe velu, toujours en train de mouiller! De quoi comprendre que mon frère n'obtint même pas son certificat de cinquième année et que moi, à treize ans, je devais redoubler ma septième!

Les arguments du curé convainquirent mes parents: ils vendirent à l'encan tout le grément de ferme, ils vendirent aussi les bêtes et les cossins de la maison. Puis ils nous forcèrent, mon frère et moi, à les suivre à Montréal. Ça se passait dans les toutes premières journées d'octobre 1958. Derrière nous, il n'y avait plus qu'une terre déshabitée. L'orge et l'avoine que nous n'avions pas eu le temps de moissonner pourriraient pour rien dans les champs, et les arbres que j'avais plantés seraient bientôt coupés puisque le nouveau tracé de la route passerait en plein dessus. Même le vieux pont couvert au-dessus de la Boisbouscache serait jeté à terre, remplacé par une hideuse construction de fer.

Le monde entier venait de s'effondrer et resterait ainsi jusqu'à la fin des temps — aussi désespéré que les cris d'un cochon égorgé alors que tombe la première neige. Rien qu'une grande blessure ouverte et tout ce sang rougissant l'habitation de l'hiver, pour rien désormais.

2

«Quiconque a besoin de chaleur, de force
ou de lumière, n'a qu'à attirer la lune
et elle descendra le servir.»

Contes pour un homme seul

En 1958, il n'y avait pas de Régie du logement au Québec, de sorte qu'on n'y devenait pas locataire comme on le voulait, les propriétaires ayant le droit de vous refuser l'accès chez eux sous n'importe quel prétexte. Une famille nombreuse était rarement la bienvenue, surtout quand elle arrivait tout juste de l'arrière-pays. Avant notre arrivée à Montréal, mon père mit donc des semaines à trouver de quoi nous héberger. Imaginez! Quatorze personnes débarquant quelque part en même temps, c'était pire que la menace du péril jaune! Aussi eûmes-nous droit à un modeste quatre pièces et demie, au premier étage d'une maison chambranlante de la 83ᵉ Avenue de Rivière-des-Prairies. Nous y entrâmes à la nuit tombante par petits groupes, pour que le propriétaire ne s'en rendît pas compte. Les filles couchaient toutes ensemble dans le salon et les sept garçons se partageaient la seule chambre disponible, le corridor et la cuisine. Ce petit matelas qu'il fallait dérouler tous les soirs près du garde-manger dès que mon père s'en allait travailler au Mont-Providence, quelle tristesse c'était! On y dormait aussi moins longtemps que les autres alités dans les chambres ou dans le corridor: mon père se serait senti humilié de voir l'un de ses enfants pour ainsi dire couché en dessous de la table, ce qui n'arrivait même pas aux pauvres hydrocéphales et oligophrènes du Mont-Providence.

Étant toujours le plus costaud de la famille et celui qui par l'âge en occupait le milieu, le petit matelas dans la cuisine fut souvent pour moi. J'y dormais mal, y faisant des cauchemars de cochons ébouillantés, de moutons égorgés et de vaches éventrées. Je redevins somnambule comme dans ma petite enfance alors que je me levais la nuit pour aller pisser sur le réveille-matin dans la chambre de mes parents. C'était moins pire que de mouiller son lit comme la plupart de mes frères et de mes sœurs, mais ça donne la mesure de l'angoisse qui me taraudait alors le corps et l'esprit. Pour tout dire, j'étais absolument malheureux, trop loin de tout ce que j'avais aimé dans le rang Rallonge pour trouver quelque beauté que ce soit à vivre aux confins de Rivière-des-Prairies, juste à côté de Boscoville qui était une maison de réforme pour jeunes délinquants. On n'en voyait rien du boulevard Gouin à cause de l'épais rideau d'arbres qui en masquait l'existence. Toutes les fins d'après-midi, j'en sautais la clôture, attiré par l'orme gigantesque au milieu du boisé. Je dégainais le gros poignard que je portais continuellement à ma ceinture puis, me plaçant à cent pas de l'orme, je m'exerçais à planter dans la rugueuse écorce tout ce qui me restait du naufrage de Saint-Jean-de-Dieu. Mon beau casque d'aviateur, mon veston de cuir et mes superbes bottes, ma mère les avait brûlés en même temps que les cossins domestiques qui n'avaient pas trouvé preneurs durant l'encan fait quelques jours avant notre départ du rang Rallonge pour Montréal. Même les quelques livres gagnés par moi à l'école furent incendiés aussi. Je me souviens que parmi eux, il y avait *Bonheur d'occasion* de Gabrielle Roy, *Pieds nus dans l'aube* de Félix Leclerc et *Vous qui passez* de Léo-Paul Desrosiers – pour les avoir lus et relus maintes fois, ces trois romans-là, je les connaissais par cœur, ils faisaient véritablement partie de moi, sinon de ma famille même : je souffrais avec Florentine Lacasse, j'étais un fils d'habitant heureux grâce à Romain Heurfils et, comme les héros de Félix Leclerc, on m'avait expulsé du seul pays que j'aimerais jamais. Dès que j'allais gagner un peu d'argent, les trois grands livres de mon passé me reviendraient enfin et, quarante ans après me les être ainsi procurés, je les aurais encore devant moi – bien rangés sur cette petite étagère faisant face à la table de pommier sur laquelle j'écris depuis toujours.

Ceci étant dit, il me faut bien revenir à Rivière-des-Prairies et à l'école Dominique-Savio où, bien malgré moi, il avait quand même fallu que je m'inscrive. À cause de mon lamentable bulletin scolaire du rang Rallonge, on m'obligea à recommencer ma septième année. On ajouta pour moi un pupitre tout au fond de la classe, près de cette grande fenêtre qui donnait sur la rivière des Prairies. Je ne parlais à personne et personne ne me parlait, la présence de mon gros poignard à la ceinture faisant peur à tout le monde. J'avais constamment les yeux dans l'eau et la tête ailleurs – dans le lointain pays des bêtes et des odeurs perdues, résine âcre des épinettes noires, bouses fumant dans le petit matin, plumes mouillées des poules, fleurs odorantes de la luzerne.

Je passai ainsi tout un mois à ronger mon frein dans cette classe qui n'était pas faite pour moi : ou bien je m'en retournais à Saint-Jean-de-Dieu sans prévenir personne ou bien je forçais la porte du bureau du directeur de l'école pour lui demander de me faire passer de la septième à la huitième année. J'étais peut-être gêné mais je savais me montrer effronté quand il le fallait. J'ignore toujours pourquoi le directeur de l'école écouta mon histoire jusqu'au bout et pourquoi aussi il donna suite à ma demande en me disant :

— Je veux bien que tu te retrouves en huitième année, mais ce sera d'abord pour un mois. Selon la façon que tu t'y débrouilleras, je t'aviserai de la suite du monde.

Je n'ai jamais travaillé autant que ce mois-là, ne cessant pas d'étudier même quand je mangeais. Les résultats surprirent tout le monde, à commencer par moi : les notes que j'obtins pour le mois de novembre me mettaient parmi les premiers de la classe. Mon laissez-passer temporaire devint donc valide pour toute l'année scolaire. Ce n'est pas tellement le désir d'apprendre qui faisait de moi un bon élève mais le fait que j'étais désespéré — malgré les semaines qui passaient, Saint-Jean-de-Dieu me manquait toujours autant : la maison, les bâtiments et les terres abandonnés par mon père m'obsédaient cruellement au point que, sur de grands cartons, j'en fis le dessin à l'échelle plusieurs fois, me servant de mon étonnante mémoire pour y inscrire les moindres détails. Aucun tas de pierres ne fut oublié, aucune baissière, aucun platin, pas le plus petit cours d'eau ou un semblant de bosquet de cèdres. J'y mettais tous les chemins de traverse, les pagées de clôture, les champs ensemencés, les pâturages et les bêtes qui broutaient dedans. Je devins un véritable cartographe, aussi halluciné que celui dont Jacques Ferron a raconté l'histoire dans son beau conte *Les provinces*. Du côté du sentiment, c'était loin de m'arranger: je devenais de plus en plus nostalgique et de moins en moins capable de m'intégrer au monde de Rivière-de-Prairies, même pas quand je me retrouvais à l'école Dominique-Savio. Grâce au gros poignard que je portais toujours à ma ceinture, je ne risquais pas de devenir comme mon frère le souffre-douleur de tous les délinquants du quartier. On le forçait à se faire couper les cheveux très ras, à chaparder de la nourriture et à remettre gratuitement debout les quilles qu'on abattait durant de longues soirées. Quand mon frère manifestait sa résistance, quelques taloches bien assénées le ramenaient rapidement à de meilleurs sentiments.

J'aurais dû prendre la défense de mon frère mais ne le fis jamais, peut-être parce qu'il était mon aîné de presque deux ans et que je ne l'aimais pas beaucoup. Il était fait comme à l'envers de moi, sans malice, nul en classe, plutôt chétif et privé de tout sens de la débrouillardise, comme si l'imagination lui avait fait défaut dès sa naissance. Quand nous habitions le rang Rallonge, il n'arrivait pas à traire une vache comme du monde, on lui défendait de conduire le tracteur parce qu'il traversait les bâtiments avec, incapable de l'arrêter une fois qu'il l'avait mis en marche. Il pleurait quand on coupait le cou à une poule et croyait que le cheval était malade dès qu'il avait la broue à la gueule ou dans la raie.

C'était pareil quand le taureau bandait et se préparait à monter une vache: mon frère courait prévenir mon père, lui demandant de venir à l'étable puisque le taureau, croyait-il, était en train de se vider de tous ses viscères.

Mais peu importe, j'aurais dû quand même me porter au secours de mon frère quand on le malmenait. Je m'en veux encore aujourd'hui de ne pas l'avoir fait, ce qui aurait peut-être été suffisant pour que mon frère n'abandonne pas l'école, écœuré d'y être autant maltraité, aussi bien par les élèves que par les professeurs. Faut dire qu'en dépit de mes succès scolaires je n'en menais moi-même pas très large. À cause de l'ennui qui ne me quittait pas, tout se défaisait en moi par grands morceaux, je m'en venais schizoïde comme ces grandstantes que mon père m'emmenait visiter avec lui dans le vieux Viauville – trois nonagénaires édentées et presque chauves qui prenaient leurs chats pour leurs maris perdus et qui, parce qu'elles habitaient en bordure du fleuve, s'imaginaient vivre aux Trois-Pistoles dont elles prétendaient avoir acheté tout le centre-ville. Je n'étais pas beaucoup mieux qu'elles, moi qui marchais pendant des heures sur le boulevard Gouin en regardant par terre dans l'espoir débile de trouver miraculeusement les cinq mille piastres qu'il m'aurait fallu pour racheter à mon père la ferme abandonnée du rang Rallonge.

Notre départ précipité de Rivière-des-Prairies fut loin d'arranger les choses pour moi. Du jour au lendemain, nous fûmes forcés de déménager, mon père ayant menacé de casser la gueule du propriétaire de notre logement qui l'avait faussement accusé d'avoir dévalisé ses hangars. Nous nous retrouvâmes donc rue l'Archevêque à Montréal-Nord, dans un autre logement où nous serions si à l'étroit qu'il faudrait bientôt en partir encore, pour la rue De Castille cette fois-là. L'école secondaire Pie-IX n'en finissant plus d'être en construction, on ne savait plus où parquer les élèves: en moins de six mois, je passai de l'école Sainte-Gertrude à celle de Robert-de-la-Jemmerais, puis ce fut l'école Benjamin-de-Montigny où je ne restai même pas deux semaines, le pavillon pour garçons de Pie-IX étant enfin parachevé. Quand j'y entrai enfin, je n'étais pas beau à voir, refermé sur moi-même comme une huître et le corps tout en démanche: tantôt je m'imaginais que j'avais le cancer et que j'allais en mourir avant même de revoir Saint-Jean-de-Dieu; et tantôt, les murs et les plafonds paraissaient se rapprocher dangereusement de moi comme ça se passe dans *Les enfants terribles* de Jean Cocteau. J'aurais eu besoin de mon père et de ma mère pour ne pas continuer de sombrer mais tant d'urgences les sollicitaient tout le temps qu'ils ne m'écoutaient pas.

En désespoir de cause, je m'adressai donc à Yves Thériault dont le journal *La Patrie* publiait alors une manière de chronique hebdomadaire intitulée *Courrier pour hommes seulement*. Parmi toutes les lettres qu'il recevait, Thériault en choisissait quelques-unes qu'il reproduisait dans le journal en y ajoutant ses commentaires. Assis sur le perron derrière chez nous, avec une poubelle en guise de pupitre, je passai quelques jours à écrire cette lettre que j'envoyai à Thériault même si j'étais certain qu'elle ne se rendrait jamais jusqu'à lui. Ma surprise fut donc grande quand j'ouvris *La Patrie* du 14 mai 1961 et que je me rendis compte que ma lettre constituait le sujet principal de la chronique de Thériault cette semaine-là. Mon texte coiffé de la manchette *Les déracinés n'ont pas toujours tort* y était reproduit sur deux colonnes, en beaux et gras caractères. Assis au comptoir du casse-croûte *Chez Ken,* je lus et relus ce que je considère depuis comme mon entrée en littérature: de voir des phrases de moi imprimées sur du papier-journal m'autorisa pour ainsi dire à me servir des mots pour rompre le silence qui m'habitait désespérément. Cette étincelle jaillissant en moi, je la dois à Thériault qui fut mon premier lecteur. S'il avait jeté ma lettre au panier sans s'y intéresser, serais-je devenu écrivain? Sans événement fondateur, il est rare que l'écriture vienne vraiment au monde; après quelques vaines tentatives, elle retourne plutôt dans les limbes dont elle est sortie et, comme pour de la peau de chagrin, elle finit par se réduire à rien, surtout quand c'est la pauvreté qui en constitue le moteur principal.

Pour s'en rendre compte, ce texte de moi, le seul véritablement authentique sans doute que j'ai écrit dans toute ma vie de scribouilleur:

«Fils d'une famille de treize enfants déménagée à Montréal il y a quatre ans, je suis finissant en onzième année. De cultivateurs que nous étions, nous voilà citadins du jour au lendemain, avec un cœur, une âme, une pensée, des idées et une mentalité de paysans.

«Vous ne savez pas les difficultés que j'ai eues lors de mon arrivée en ville. Du point de vue langue, tempérament, principes, j'étais très différent de mes camarades. En un mot, on me prenait pour un imbécile dont le père venait crever avec sa famille à Montréal.

«Je finis par m'habituer à ce genre de vie, refoulant en moi ma haine, mon dégoût envers la gent citadine. Je vivais dans un monde à part animé par mes souvenirs d'enfance : la ferme paternelle, ses animaux, ses champs, ses bruits familiers, sa rivière. Tout prenait pour moi un sens majestueux, nouveau, que je n'avais pas compris jusqu'à maintenant.

«Toutes ces pensées restaient en moi comme ciselées par une main mystérieuse et invisible. Je devais un jour ou l'autre les confier à quelqu'un. Ce jour arriva. Déception et illusion amère en furent le dénouement.

«Afin de me débarrasser de ce complexe qui me hantait, me tiraillait, me faisait peur, je décidai de ne plus rien confier à quiconque. J'étais présent à tout mais je n'existais pour rien. Je me lançai dans les études, participai aux concours d'écriture de l'école, devins directeur du journal scolaire, gagnai un débat oratoire et j'ai écrit quantité de poèmes. Je ne vivais que pour le français, j'étais, de surface cependant, un autre homme. Finalement, je confiai à mes parents mes ambitions : racheter la terre paternelle. Ils me crurent devenu fou car ils voudraient que je devienne un collet blanc. Vous me voyez étouffer dans un bureau ? La mort plutôt que cet esclavage... Que pensez-vous de mon projet ? J'essaierai de suivre vos conseils. »

Dans sa réponse à ma lettre, Thériault, tout en m'encourageant à devenir cultivateur, me suggéra d'étudier les nouvelles technologies agricoles puisque la ferme de demain, ajoutait-il, n'aurait plus rien à voir avec le principe de l'autosuffisance. Il faudrait savoir se spécialiser, investir beaucoup d'argent et apprendre à gérer comme il faut tout cet argent-là.

Enthousiasmé, je travaillai tout le reste du printemps et une bonne partie de l'été à vendre des beignes de porte en porte dans tout Montréal-Nord afin de réaliser le projet secret que j'avais: me retrouver pendant tout le mois d'août à Saint-Jean-de-Dieu, à planifier mon retour sur la ferme qui appartenait toujours à mon père. Je pris le train jusqu'aux Trois-Pistoles, y louai une chambre et une bicyclette puis, muni des cartes que j'avais dessinées à Rivière-des-Prairies, je montai au rang Rallonge pour y jouer à l'arpenteur-géomètre et décider comment j'occuperais les terres qui, je n'en doutais pas, seraient bientôt miennes. Je fis semblant de ne pas voir tout ce qui avait déjà changé dans le rang Rallonge: on avait fermé la petite école, abattu les arbres qui bordaient la route qu'on avait élargie, démoli plusieurs granges et déménagé au village la plupart des maisons abandonnées. Même le peuplement des grands trembles le long de la Boisbouscache avait été coupé. On avait toutefois épargné le petit frêne que j'y avais planté. Les pieds dans l'eau et ne manquant pas de lumière, il était superbe, quatre fois grand comme moi déjà.

Je vécus dans le rang Rallonge le plus beau mois d'août de toute ma vie. Tout se passait comme si je n'en étais jamais parti: je fis les foins avec les voisins qui avaient loué les terres de mon père, je coupai de la fardoche sur le Coteau des épinettes, je me baignai dans la Boisbouscache, je fis des confitures avec les framboises et les bleuets sauvages que je cueillis dans le Clos des moutons. Et tout nu sur ce radeau que je fabriquai, je laissai mon corps prendre tout le soleil qu'il pouvait, là où le ruisseau à Francis faisait comme une petite mer intérieure au milieu des abattis.

Quand je m'en retournai à Montréal-Nord, mon projet secret était tout fin prêt: sur la ferme de mon père, j'élèverais des moutons comme me l'avait suggéré l'agronome que j'avais consulté. Mon père ayant été cultivateur avant moi, j'aurais droit à l'aide du Crédit agricole pour l'achat des terres et des animaux. Il me manquerait bien un peu d'argent encore mais je comptais m'adresser à cette tante qui m'aimait bien et dont le bas de laine était plein jusqu'à ras bord. Dans le train qui me ramenait à Montréal, je mis au propre la proposition d'affaire que je comptais présenter à mes parents dès mon arrivée à la maison. J'y avais tellement travaillé tout le mois d'août que le doute ne m'effleura même pas quant à l'accueil qu'on lui ferait: je voyais déjà mon père et ma mère signer le document que je leur présenterais, puis il y aurait ces chaudes poignées de main, puis je ferais mes bagages pour m'en retourner définitivement dans le rang Rallonge.

C'était un beau scénario mais un brin naïf comme tout ce qu'on peut imaginer quand on a seize ans. Mes parents ne voulurent même pas prendre connaissance de ma proposition et quand j'insistai pour qu'ils le fassent, le ciel me tomba brusquement sur la tête : j'appris avec désespoir que pendant que j'arpentais les terres du rang Rallonge, un voisin était monté à Montréal et avait tout acheté, le gros tracteur Case et l'équipement aratoire, les terres et la maison qui prendrait bientôt le bord du village. Je me retrouvai comme un bœuf qu'on vient d'assommer d'un coup de masse en plein front. Je me sentis filouté et trahi, pour ne pas dire absolument méprisé. Pour que le clou fût bien enfoncé dans mon corps, une autre mauvaise nouvelle m'attendait à mon retour du rang Rallonge : dans cette lettre écrite par le directeur de l'École normale Jacques-Cartier, j'appris qu'on ne m'avait trouvé aucun talent pour devenir pédagogue, de sorte que ma candidature n'avait pas été retenue. À quelques jours seulement de la rentrée scolaire, je me retrouvais donc gros-Jean comme devant. Comment faire pour continuer mes études ? Le certificat attestant que j'avais passé avec grand succès les examens du Département de l'Instruction publique ne valait pas grand-chose : il menait tout droit au marché du travail, c'est-à-dire à des jobs sans intérêt et mal payées — commis de bureau ou de banque, gratte-papier dans la fonction publique ou secrétaire chez un marchand de voitures d'occasion. Je me voyais mal passer toute ma vie à faire semblant de me sentir utile pour une entreprise qui ne voudrait même pas savoir qui je serais. Plutôt que d'en venir là, j'étais prêt à étudier n'importe quoi, même le calcul différentiel, les nombres fractals ou la mécanique quantique.

Je ne trouvai évidemment pas à me caser, même pour l'espace d'une année de transition. Désireux d'ajouter une pension de plus au magot familial, mes parents me poussaient dans le dos pour que je me mette à travailler enfin. Quand on me proposa de devenir livreur à bicyclette dans une épicerie, je fus tellement horrifié que je décidai sur-le-champ de retourner à l'école Pie-IX y refaire ma onzième année, en sciences-mathématiques cette fois-ci. Ça ressemblerait étrangement à ce que j'avais étudié l'année précédente mais j'avais besoin de gagner du temps: cesser même temporairement d'aller à l'école signifiait en réalité que je n'y remettrais plus jamais les pieds comme c'était arrivé à mes frères et à ma sœur avant moi.

Même si j'étais un élève indiscipliné parce qu'un brin délinquant, je fus bien accueilli à l'école Pie-IX: les deux années précédentes, j'avais participé à tous les concours littéraires pour la jeunesse, et je les avais tous gagnés: celui de la Semaine de l'imprimerie, celui de l'*Almanach Beauchemin*, celui des Clubs Lions et celui-là même que parrainait le Département de l'Instruction publique. Pour rire de celui de l'école, j'avais fondé mon propre journal, *L'Insolent*, ce qui m'avait valu d'être suspendu à plusieurs reprises par le directeur. Mais les prix que je remportais avec mes compositions littéraires obligeaient toutes les fois les autorités de l'école à passer l'éponge. Il aurait été absurde de faire mon éloge devant tous mes camarades alors que moi-même je m'adonnais à l'école buissonnière. En fait, je n'allais jamais très loin parce que l'argent me manquait même pour prendre l'autobus en direction du centre-ville de Montréal. Près de l'école, il y avait le snack-bar *Chez Jeanne* que tenait un Grec vieux comme le monde. Comme je paraissais l'écouter avec attention toutes les fois qu'il parlait de Socrate et d'Euripide, j'avais le droit de boire sans payer tout le café que je voulais. Le reste du temps, j'avais la paix pour écrire les semblants de romans qui me passaient par la tête. Dans une cabine de *Chez Jeanne*, je n'étais pas dérangé comme à la maison où il fallait que je travaille encore sur le balcon, avec une poubelle en guise de pupitre. Si je m'obstinais autant, c'était à mon corps défendant: le rang Rallonge ne quittait pas mon esprit, la colère que j'entretenais contre mon père ne dérougissait pas, ce qui me rendait chialeux et vindicatif. Dès que j'en avais l'occasion, je provoquais mon père, cherchant à lui faire déplaisir de toutes les façons possibles. Il baissait la tête et laissait tout passer, sans doute parce qu'il se sentait coupable de m'avoir trahi. Il mettait moins de gants blancs avec mes frères ou bien ma sœur aînée qu'il battait avec sa ceinture quand il rentrait le matin du Mont-Providence et qu'il n'était pas satisfait du rapport dont ma mère lui faisait le compte rendu au petit-déjeuner. Ma sœur avait presque vingt ans et mouillait encore son lit, ce qui était bien une raison pouvant justifier l'acharnement de mon père à la violenter régulièrement tout en l'obligeant à payer une pension plus élevée que celles de tous les garçons de la maison qui travaillaient déjà.

Quant à mon retour à l'école Pie-IX, deux mois après la rentrée scolaire, j'en étais complètement désenchanté:

à part deux exceptions, j'avais droit aux mêmes cours que l'année précédente, de sorte que j'eus rapidement l'impression de perdre mon temps. On parlait aussi d'une grande réforme à venir dans l'éducation, ce qui risquait bien de rendre caducs tous mes efforts. De toute façon, il me faudrait de l'argent pour entreprendre les grandes études auxquelles je pensais et où pourrais-je bien le prendre puisque mon père y avait déjà opposé une fin de non-recevoir :

— T'as seize ans maintenant, t'es rendu dans tes grosseurs, t'as qu'à te débrouiller par toi-même.

Me débrouiller par moi-même, la belle affaire ! Je travaillais déjà toutes les fins de semaine dans cette épicerie de la rue l'Archevêque pour sept misérables dollars qui se réduisaient rapidement à deux quand, au souper du vendredi soir, mon père faisait ce qu'il appelait son tour de table, ce qui revenait à nous délester d'à peu près tout ce qu'on avait gagné. Ça ne faisait que renforcer le côté rebelle de ma nature, même à l'école où je me serais ennuyé souverainement sans Wim Wisecomm et Laurent Boisvert, le premier professeur d'art et le deuxième de français, avec qui je buvais du vin après les classes, dans leur petit bureau commun au sous-sol de l'école. C'est là que j'ai découvert Van Gogh et Degas, Dali et Jean-Paul Lemieux. C'est là aussi que je cessai de lire les romans policiers de la collection Fleuve noir pour m'intéresser à Cocteau, Joseph Kessel, Aragon et Jean-Paul Sartre. Dans ma naïveté, j'écrivis à quelques-uns d'entre eux pour les inviter à l'école Pie-IX, rien de moins ! Comme de bien entendu, personne ne répondit à mes lettres: en 1962, le monde passait rarement par Montréal-Nord, surtout celui des arts et de la littérature. Mais étant donné qu'on avait prévu comme activité parapédagogique de recevoir au moins un écrivain par session, il nous fallait bien trouver quelqu'un quand même. Quand Laurent Boisvert suggéra Yves Thériault, je pensai tout de suite à la lettre que je lui avais envoyée à *La Patrie* et je n'étais pas certain de vouloir vraiment faire sa connaissance. Imaginez! J'avais peur qu'il me reconnaisse!

Je ne savais alors pas grand-chose d'Yves Thériault, ni du monde dont il venait ni des livres qu'il avait écrits, sauf qu'il avait failli remporter le prix Goncourt avec *Agaguk*, un roman esquimau que même dans les écoles, on considérait déjà comme un classique. Je ne l'avais pourtant pas encore lu, ce qui était une véritable honte pour quelqu'un qui, comme moi, devrait accueillir Yves Thériault en ma qualité de président des élèves de l'école Pie-IX. Laurent Boisvert m'invita à souper chez lui, après quoi je pillai ses archives personnelles – dans le sous-sol de sa maison, il y avait plein de gros classeurs dans lesquels il rangeait les articles qu'il lisait sur la littérature. Chacun des auteurs ayant sa chemise bien à lui, ça se consultait aisément. Je repartis de chez mon professeur avec une brassée de documents et plusieurs des livres d'Yves Thériault, notamment *Contes pour un homme seul*, *Le dompteur d'ours*, *La fille laide* et *Les vendeurs du temple*. J'allai m'asseoir dans cette cabine de *Chez Jeanne* et, sous le regard interloqué de mon vieux Grec de propriétaire, je me plongeai dans la lecture, fasciné par un monde qui me redonnait fabuleusement celui que j'avais connu et aimé dans le rang Rallonge — ce discours des petites gens, avec les hommes forts en muscles et violents parce que ne trouvant que dans l'intégrité agressive de leurs corps l'assouvissement de leurs désirs exacerbés. Et partout, ces champs, ces montagnes, ces rivières, ces bêtes chaudes qui déferlaient à toutes les pages, venus d'une robuste et saine poésie qui m'excitait par tout ce que de moi, je retrouvais enfin en elle. Voyons voir maintenant.

3

«Mais secouez-vous, messieurs. Piochez.
Nous avons besoin de qualité, soit,
dans notre littérature. Mais nous avons
surtout besoin de quantité pour le moment.
Un écrivain n'a pas le droit de se reposer
cinq ans entre chaque livre.»

Nos écrivains sont des chats
qui ont peur de se mouiller

Yves Thériault est né à Québec le 28 novembre 1915, d'un père menuisier qui ressemblait beaucoup au mien: son métier ne le faisait pas vivre tout le temps, de sorte qu'il trouvait plus souvent à se faire embaucher comme journalier pour toutes sortes de jobines plutôt que comme spécialiste de charpentes à monter. Cela l'amena à voyager à travers tout le Québec. C'est ainsi qu'il rencontra sa femme, prénommée joliment Aurore, à Black Lake où on l'avait engagé comme commis au magasin général. Le père d'Aurore était prospecteur de mines et faisait partie de la petite bourgeoisie de Black Lake. Si Aurore se laissa courtiser par le menuisier devenu commis, ce fut par malentendu, parce qu'elle l'imaginait venant d'une famille au-dessus de ses affaires comme l'était la sienne. Quand elle apprit la vérité, c'était trop tard puisque le mariage était déjà décidé. Mais au dire d'Yves Thériault lui-même, Aurore eut toujours honte de son mari et du sang indien qui coulait dans ses veines.

En fait, les deux familles étaient toutes deux d'origine plutôt modeste comme c'était le cas pour la majorité des Québécois – des oncles cultivateurs ou boulangers, des tantes institutrices ou religieuses. Une tribu éparpillée un peu partout, dont le père de Thériault se rapprochait ou s'éloignait selon qu'il avait du travail ou bien se retrouvait chômeur. Les prises de bec étaient nombreuses entre lui et sa femme qui l'avait obligé à emménager dans le quartier Notre-Dame-de-Grâce parce qu'elle voulait que ses enfants soient élevés en bonne compagnie. Quand le ton montait trop entre les deux, le bonhomme partait en claquant la porte et pouvait rester des semaines sans donner de nouvelles. Une fois même, il disparut pendant quelques mois pour se faire cuisinier dans un camp de bûcherons aux confins de l'Ontario. Aurore ne lui pardonna jamais cette désertion et le lui reprocha tout le reste de sa vie.

L'enfance d'Yves Thériault fut donc marquée par cette mésentente qui opposait le père à la mère, et d'autant plus qu'il se sentait plein d'affinités avec le monde du premier – ce goût des voyages, ce besoin de courir la galipote, là où il n'y avait pas de femmes frustrées pour vous empêcher de faire corps avec le paysage. De la bonne eau claire, des forêts à perte de vue, des champs remplis de blé, d'orge et d'avoine, des granges à bâtir, tantôt à Kamouraska et tantôt à Drummondville, voilà ce qu'on pouvait appeler de la vraie vie contrairement à ce qui se passait dans la maison de Notre-Dame-de-Grâce où, en plus de sa femme, Alcide Thériault devait endurer sa belle-mère qui le détestait à mort. Elle n'aimait pas le gros corps trapu de son gendre et ces cheveux noirs qui lui rappelaient trop les origines malécites de la famille Thériault (l'arrière-grand-père était né à Notre-Dame-du-Lac dans le Témiscouata, pays sacré de l'emblématique porc-épic amérindien).

Même enfant, Yves Thériault ressemblait au monde de sa famille paternelle: court sur ses jambes et le haut du corps déjà massif, il avait l'air de l'une de ces épinettes noires qui poussent comme de la mauvaise herbe dans la réserve malécite de Whitworth. Avec les années, cet atavisme-là ne fera que s'accentuer et Thériault, au sens propre comme au sens figuré, n'en deviendra que plus sauvage. Il parlera cru et écrira pareillement, sans doute par besoin de se venger de sa mère et de la belle-mère Nadeau à qui il tenait tant à ne pas ressembler : ça se tenait droit comme des piquets de clôture, ça parlait le bec en cul de poule, c'était hautain et arrogant. De quoi préférer imiter les matous de ruelle et se battre même avec plus fort que soi, ce dont Thériault a toujours aimé se vanter.

Ce fut particulièrement vrai au sortir de l'enfance alors que les problèmes entre son père et sa mère devinrent véritablement un enfer. Thériault se retrouva carrément délinquant et ne termina même pas sa neuvième année d'études parce que les bons pères du Mont-Saint-Louis le mirent à la porte pour insubordination. Le père en fut fort chagriné : pour payer les frais de scolarité de son fils, il faisait souvent du bénévolat comme menuisier au Mont-Saint-Louis. Que deviendrait le seul garçon qu'il avait, dans cette jungle qu'est le monde du travail ? Le risque était grand pour que la longue tradition de pauvreté des Thériault se perpétue : on ne sort pas facilement du milieu qui est le sien, surtout quand on n'a même pas un certificat d'études secondaires à brandir entre soi et le monde.

Si les notes prises par mon professeur m'interpellèrent autant, c'est d'abord parce que je trouvai que la fin de l'adolescence d'Yves Thériault ressemblait fort à la mienne. Ce qu'on cherche d'abord dans ce qu'on lit, c'est ce qui nous confirme dans ce que nous sommes, ce sont les parallèles qu'on est en mesure d'établir entre sa propre vie et celle de quelqu'un d'autre. Assis dans cette cabine de *Chez Jeanne*, avec devant moi cet amas de coupures de presse et les premiers ouvrages d'Yves Thériault, je me posais autant de questions sur moi-même que sur cet écrivain maintenant célèbre: après avoir abandonné ses études au Mont-Saint-Louis, comment en était-il venu à l'écriture? Ce n'est pas parce qu'on lit beaucoup dans son enfance qu'on éprouve automatiquement le besoin d'ajouter ses propres mots à ceux des autres. À ce compte-là, mon frère aîné, qui passait ses jours à lire dans une cellule de la prison de Bordeaux (conséquence d'un hold-up raté dans une épicerie) aurait dû devenir écrivain. En plus de tout savoir sur la littérature et la philosophie, son adolescence avait été une suite ininterrompue d'aventures à proprement parler carnavalesques. Pourtant, mon frère aîné n'avait aucunement le désir de voir son nom imprimé sur une couverture de livre: la joyeuse anarchie de sa vie lui suffisait. Pourquoi n'était-ce pas le cas avec Yves Thériault et pourquoi n'était-ce pas le mien aussi? À seize ans, l'auteur d'*Agaguk* croyait-il comme moi que si on se met à inventer des histoires, c'est qu'on est déjà persuadé qu'il n'existe aucune solution, aussi bien pour soi-même que pour le reste du monde?

Ce que j'admirai surtout chez Yves Thériault, c'est le courage qui avait été le sien: quand les bons pères du

Mont-Saint-Louis le jetèrent dehors, il n'essaya même pas de rentrer dans leurs bonnes grâces, ni dans celles de sa famille, il ne se considéra pas abandonné par le monde puisque c'était lui qui avait pris la décision de lui tourner le dos. À seize ans, moi, j'étais autrement plus lâche : plutôt que de me retrouver seul avec moi-même, je restais dans ma famille même si elle méprisait le fait que j'écrivais ; plutôt que d'affronter la vie telle qu'elle se présentait à moi, j'avais préféré me retrouver à l'école Pie-IX, à ressasser pour rien tout ce que j'y avais appris l'année précédente. Ma peur de la liberté était-elle le signe que, contrairement à Yves Thériault, je ne deviendrais jamais un authentique écrivain ? À cause de la trahison de mon père, je n'avais même pas réussi à réaliser le seul rêve que j'avais jamais eu, celui d'être un simple cultivateur dans le rang Rallonge de Saint-Jean-de-Dieu. Mal amanché comme je l'étais, quel avenir pourrais-je avoir ? Je ne m'en voyais aucun : j'avais toujours été de trop, aussi bien dans ma famille que dans le monde, et je n'avais pas d'ambition. Quand on vit dans la pauvreté jusque par-dessus la tête, où trouver même un semblant d'espoir ?

Je lus pourtant les quelques articles qu'Yves Thériault avait publiés dans les journaux au commencement de sa carrière d'écrivain, mais j'eus du mal à m'y intéresser vraiment. Thériault parlait de l'importance de l'écriture radiophonique mais moi, je n'écoutais jamais la radio, réagissant ainsi au fait que ma mère se branchait sur CKAC en se levant le matin, que ma sœur et mes frères en faisaient autant dans les chambres en syntonisant, bien sûr, des poſtes différents — ces niaiseries qu'on appelait chansons, ces bas-fonds du lieu commun fredonnés par le soldat Lebrun, Paul Brunelle, Willie Lamothe ou Serge Deyglun: «Vous ne connaissez pas ma blonde? Même si elle eſt jolie, elle a les yeux tout croches et les jambes aussi. Je l'ai demandée en mariage et elle m'a dit: «Oui!» À la maison, je m'en sers de planche à repasser.» La radio diffusait alors plein de tounes de ce genre-là, dans des arrangements musicaux tellement rudimentaires et malsonnants que même vos oreilles en braillaient d'écœurement.

Comme si cela ne suffisait pas, quelques-uns de mes frères se prenaient pour Tino Rossi, apprenaient par cœur tout ce que crachait la radio et nous empoisonnaient avec dans les fêtes familiales. Quelle horreur! De quoi comprendre que pendant des années, je reſterai sourd à tous les mots qu'on met en musique pour mieux les chanter: «Cinq pieds deux, les yeux bleus, y a tu qué-qu'un qui a vu ma blonde, la courailleuse?» Quelle horreur, vraiment!

Du long texte sur la radio qu'Yves Thériault écrivit en 1955 alors qu'il n'avait encore publié que cinq livres, je retins un tout petit passage, celui dans lequel, après s'être plaint du mercenariat que représentait l'écriture radiophonique, il avouait son désir le plus profond alors que la quarantaine l'avait déjà rejoint. Thériault écrivait:

«Je rêve à un lac et, dominant le lac, une maison.

«Je rêve à de longs jours blancs d'hiver et, dans la maison, une quiétude toute chaude. Et là-dedans, dans cette paix retrouvée, le temps, le temps d'écrire.

« N'être que ce que l'on a voulu être mais l'être dans un temps qui nous appartienne. Pas dans un temps qui est à l'heure de la vie fébrile. Car alors, il n'y a plus d'œuvre possible. »

Je notai ces mots-là d'Yves Thériault dans le calepin noir que je traînais toujours avec moi mais sans jamais y inscrire grand-chose; ce qui me touchait quand je lisais, j'essayais par mimétisme de l'intégrer du mieux que je pouvais dans mes brouillons de romans. Pour le reste, je me fiais à ma mémoire, excellente comme celle de mes vieilles tantes capables de remonter loin dans le temps, même pour des insignifiances.

Mais je reviens à la cabine de *Chez Jeanne*. Ayant passé au travers des archives personnelles de Laurent Boisvert sur Yves Thériault, je me plongeai à corps perdu dans l'œuvre même : *Contes pour un homme seul*, *Le dompteur d'ours*, *La fille laide* et *Les vendeurs du temple*, en soulignant au crayon rouge les passages qui me sollicitaient particulièrement. Plus de trente-cinq ans après ma première lecture des ouvrages de Thériault, je n'ai aucun mal à retrouver ces extraits-là puisque j'ai toujours en ma possession les livres de Laurent Boisvert. Il m'en a fait cadeau après la venue de Thériault à l'école Pie-IX.

Ce qui me toucha d'abord chez Thériault, c'est bien évidemment tout ce qui me rappelait le rang Rallonge, comme dans la plupart des chapitres de *La fille laide*, un premier roman publié en 1950 et dont l'inspiration vint tout droit des *Contes pour un homme seul*, Thériault reprenant le personnage du Troublé, cet hurluberlu qui émeut tout son village parce qu'il est le seul à entendre le matin ce que chante une grande fleur jaune qui, de loin, a la forme «d'une longue femme maigre et sans poitrine». Séduit par un tel chant, le Troublé sent une grande démangeaison d'amour lui labourer le bas-ventre. Ça lui devient si intolérable que, pour assouvir sa passion, il s'enfuit du village en déchiquetant à pleines mains la plante qui chante. Le Troublé réapparaît donc à Karnac, que Thériault, inspiré par Ramuz et Giono, décrit non pas tellement comme un village québécois mais comme un hameau français. Juché sur une montagne, Karnac est surtout habité par des femmes, dont la belle Bernadette Loubron, propriétaire des terres les plus fertiles. Quand le Troublé se présente chez elle, c'est pour lui proposer le marché suivant:

«Donne-moi ton vieux cheval qui est devenu sourd et aveugle, je l'aimerai et serai capable de l'entendre chanter comme c'était le cas avant avec les fleurs sauvages; en échange, je t'amène la fille Édith que j'ai recueillie chez moi. Elle s'occupera de ta cuisine et de ton frottage. Elle est peut-être maigre comme un clou et laide comme un pichou, mais c'est une femme vaillante et dure à l'ouvrage. Tu n'auras jamais à te plaindre d'elle.»

Le marché accepté par Bernadette Loubron, le Troublé disparaît avec le cheval. Il n'en sera vraiment plus question dans la suite du roman, tout se passant comme si Thériault, dès la fin de premier chapitre, avait comme malgré lui changé son projet d'écriture, oubliant les amours du Troublé pour la bête infirme, afin de raconter une histoire plus traditionnelle, celle avec le

Fabien, son homme engagé; mais lui, c'eſt la fille laide qui le séduit, au point qu'il va tuer son employeuse en l'étranglant. Après avoir jeté son cadavre dans la rivière, le Fabien s'acoquine avec la fille laide dans la maison même de la femme Loubron, et ils auront un fils aveugle comme le vieux cheval tant désiré par le Troublé. Ainsi se boucle la boucle du premier roman de Thériault: quand se trouble la tranquille beauté des choses, le mal répond au mal, on ne peut plus sortir du fatalisme qu'il sécrète, on eſt pieds et poings liés par lui jusqu'à la fin des temps. Cette leçon de choses, Thériault la fera sienne dans presque tous les romans qui viendront après *La fille laide* — cette grande violence partout en soi comme hors de soi, cette grande violence qui appelle la colère, la mutilation, le meurtre ou le suicide, dans de terribles danses macabres faisant couler le sang. Ça deviendrait sans doute intolérable si, parfois, la poésie ne venait pas jeter là-dessus de grandes flambées de chaleur ou de lumière comme dans ce passage de *La fille laide* où Thériault décrit la Gueuse, un ruisseau qui aurait pu être la Boisbouscache de mon enfance:

«D'abord, le ruisseau doux. La belle eau avec du chant dans ses remous. Vous descendez un mamelon, vous enjambez des rocs, et vous entendez ce petit bruit. Comme si ce n'était que votre joie de la vie qui eſt dans les oreilles, qui surgit du dedans, que vous entendez, que vous sentez. Ensuite vous savez bien que c'eſt plus encore, et que c'eſt le ruisseau là-bas, puisque vous voyez le reflet entre les herbes, et vous voyez le fil qui se déroule, l'eau qui coule sur la terre pauvre de la montagne, et qui lui caresse le flanc sec, et vous y sème de la richesse et la vie des plantes. Large comme ça, avec seulement l'eau que l'on pourrait compter goutte à goutte, mais c'est ce qui fait le vert du vallon, et c'est ce qui fait le chant dans la montagne, et c'est assez pour que l'homme l'enjambe et tire de la joie seulement à le regarder ou à l'entendre. »

Quand je m'étais retrouvé tout ce mois d'août-là à Saint-Jean-de-Dieu afin de parachever mon projet d'acheter les terres de mon père, j'avais vécu sans le savoir dans le rythme même de la poésie de Thériault — cette traversée à bicyclette des rangs de l'arrière-pays, moi recherchant l'ensoleillement de la Boisbouscache et tout ce qui de l'eau montait vers les terres, les vieux bâtiments en démanche, leurs toitures effondrées. Dans les amas de planches cassées, pointait le soc d'une charrue ou, pareille à une grosse verrue, apparaissait la roue d'un tracteur abandonné. Dans le remous du ruisseau Francis, le cochon mort, dont les énormes testicules paraissaient flotter sur l'eau. Je m'étais assis sur une souche après m'être déshabillé, j'avais laissé le soleil prendre possession de tout mon corps puis, les yeux fixés sur les énormes testicules du cochon mort, je m'étais masturbé sauvagement, le corps plein de désir.

Dans les *Contes pour un homme seul*, il y a plein d'images comme celles dont je viens de parler; les animaux sont nombreux et tous chargés d'une sexualité exubérante qu'ils communiquent aux femmes et aux hommes, dans de grands jaillissements de folliculine et de sperme. Ça s'exprime d'abord par une «espèce de joie animale flottant dans l'air», par «ce beau cochon tout gras et propice au lard» et par «ces animaux qui ont leur grand content» alors que «dans le doux du ciel», le soleil se met à chauffer fort pour qu'arrive l'événement qui va bouleverser le roule paisible du monde.

C'est parfois, comme dans *Le taureau de Daumier*, le goût de la grasse plaisanterie pour se venger d'un homme détesté, Daumier vendant à Boutillon-le-pingre son taureau aveugle.

Et c'est parfois aussi la violence très sauvage, venue d'une vieille femme qui, en mourant, laisse son cochon au Troublé, ce simple d'esprit qui, pour apaiser son désir de la femme, va tuer la belle Annette aux yeux noirs et aux cheveux comme de l'avoine mûre. Et qui va la tuer ainsi :

«J'ai sauté sur elle, je lui ai serré le cou, et elle est morte. Avec mon couteau, j'ai coupé ses cuisses aux genoux, puis plus haut, près du corps, pour faire comme deux billots de chair. Je les ai mises dans mon sac.»

Et c'est à cet homme duquel les chauve-souris courent dans la tête que la vieille Soubert en mourant lègue son cochon. De quoi exciter la noire colère de Maugrand qui, le soir venu, entre chez le Troublé, tire son couteau et le lui enfonce dans la gorge — tant de sang, par coulées grandes et rouges, pour mettre fin au quotidien, à la pesanteur trop simple que vivre dans l'arrière-pays finit toujours par distiller, produisant entre les êtres ce silence fabuleux dont une belle page de *La lettre au gouvernement* dit bien tout le sens.

L'anecdote mise de côté, il s'agit d'un vieux couple de cultivateurs dont Thériault raconte la grande accoutumance qu'ils ont l'un de l'autre, désespérée par tout ce qu'elle laisse voir:

« Ils n'ont pas un mot l'un pour l'autre. Ce n'eſt pas de l'indifférence, c'eſt plutôt une habitude routinière de ce lever matinal. Ils ne voient pas la beauté des geſtes qu'ils exécutent. Ils n'en voient pas la grandeur non plus. Depuis toujours ils sont descendus, chaque matin, l'un derrière l'autre, endormis encore, et pas trop conscients, la bouche pâteuse, et pleine de fils d'araignée. Depuis toujours, qu'il neige, ou qu'il vente; que le ciel soit gris ou bleu; que le soleil soit là, éblouissant, ou caché derrière la brume, ils sont descendus comme ça, parce qu'une brisure de cette habitude aurait porté atteinte à la routine de trente ans. Et cela ne se fait pas. »

Voilà donc une bonne partie du monde d'Yves Thériault mise en place: l'homme dur ou de silencieuse tendresse, la beauté de la campagne profonde et aussi sa violence toujours prête à se manifeſter, le lancinant besoin d'eau pour que d'elle naisse le mouvement de vie et de mort, ou les tours de cochon qu'on se fait jouer, venant presque toujours pour des queſtions d'argent, à gagner, à ne pas perdre ou à s'approprier par des aĉtes de fourberie, d'envie ou de désespérance.

C'eſt encore ce qui arrive dans *Le dompteur d'ours*, le deuxième roman d'Yves Thériault. On y retrouve le monde d'un petit village où l'on naît, vit et meurt sans que rien ne se passe jamais, l'habitation du quotidien ne s'exprimant que par des choses simples et aussi bien réglées que les aiguilles d'une horloge: les hommes besognent dans les champs, les femmes s'occupent de la maisonnée, du jardin potager et des oiseaux de basse-cour. Tout s'y déroule sous le signe de l'ennui tant que le venant Hermann ne se présente pas dans le village. Dès qu'il s'y arrête, tout le monde se met à le regarder avec une grande attention parce que sa réputation de dompteur d'ours l'a précédée déjà depuis longtemps. Hermann «eſt lourd comme le jour, pesant comme la chaleur, une masse d'homme trapu, musclé, à la démarche dandinante, au regard fauve sous les sourcils épais» — bref, c'eſt le grand lutteur des mythologies anciennes et pour ainsi dire descendu du ciel afin de troubler la tranquillité d'un village endormi dans son été. Si les femmes sont tout de suite séduites par Hermann, c'eſt parce que, à lui seul, il représente cette sexualité désirée, inscrite dans le corps mais jamais assouvie, et ne cherchant pourtant que cela. Ces désirs d'animaux dont parlait le Fabien de *La fille laide*:

«Coucher au fond d'un creux de pente, mordre la chair vivante, déchirer la peau et le poil, courir dans les feuilles mortes et mordiller les herbes plates. Des désirs d'animaux, sans plus. La vache dont le pis gonflé fait mal, comme fait mal ton ventre aux lendemains de noces quand tu as trop mangé et trop bu, et qui meugle comme tu gémis. Désirs qui sont rangés dans le peloton des désirs d'animaux, et seulement pour ceux qui ne parlent pas et ne pensent pas, mais croient en la vie et la veulent pour en manger et en boire et se la rentrer dans le corps souple.»

Donc, Hermann qui survient dans le petit village et le vire à l'envers, sa présence combinée à celle de l'ourse capturée bouleversant tout ce qu'il y a de femelle dans les êtres et les choses. Comme apothéose, cette scène sublime qui se passe entre Véronique et son mari Rémi, au sortir de la nuit, alors que l'appel de la sensualité est si totalisant que la femme violente l'homme avant de l'injurier définitivement par un geste de grande portée, l'un des très beaux dans l'écriture de Thériault:

«Elle sauta hors du lit, ôta sa chemise, prit la jupe d'étoffe noire, la passa, endossa le corsage de baptiste, et tira du pied le pot sous le lit. D'un geste large, les deux jambes écartées, bien au-dessus du vase de grès, elle pissa avec un son clair et net dans le récipient.»

Bien évidemment, il est dans la force des choses que *Le dompteur d'ours* ne fasse que passer: un tel déchaînement de sensualité et un tel gonflement venu du malentendu ne peuvent et ne doivent pas durer longtemps. Pour tout dire, Hermann n'est en réalité qu'un venant comme tant d'autres, il n'a jamais de sa vie lutté avec un ours parce que la magie de son corps lui suffit. Ce sont plutôt les hommes et les femmes du village qui ont passion de se projeter dans son image pour transfigurer, ne serait-ce que l'espace d'une nuit, la routine – ces désirs inapaisés et la violence qu'il y a tout le temps dans ce qui se retient mauvaisement, par raisons de religion, de jalouserie ou, plus simplement, de bêtise.

Et c'est précisément la bêtise qui constitue le fond même de cette chronique de Saint-Léonide que sont *Les vendeurs du temple*. J'en rappelle rapidement l'intrigue, venue comme dans les autres livres de Thériault d'un événement qui la fonde: le curé de Saint-Léonide est mandé par son évêque qui exige de lui le déménagement du cimetière sous le prétexte d'y mettre à la place un invraisemblable chemin de la Croix. En réalité, il s'agit d'un infâme maquignonnage politique où l'expropriation (nécessaire à cause du nouveau tracé de la route nationale) doit récompenser, pour travail honnête d'élection, les chauds partisans du régime duplessiste. Satire sociale féroce, *Les vendeurs du temple* raconte la mesquinerie dans ce qu'elle a de plus bêtifiante avec, souvent, de beaux morceaux de saine drôlerie, comme cette scène dans laquelle le curé et le bedeau sont à quatre pattes, à tirer les lignes imaginaires du nouveau cimetière. Le monologue de Sauveur Potvin, le fameux bedeau de Saint-Léonide, tout en malice et grimacerie, nous rappelle les moments très hilarants d'*Originaux et détraqués* de Louis Fréchette, de sorte que le rire vient aisément et dure long. Pour le prouver, cet extrait fort éloquent:

« J'avais fréquenté une fille ben ménagère aussi, la fille à Hermas Hardy, de Saint-Gélas. Une grande rousse qui avait d'la parlotte, pis du bon vouloir. Ça l'a travaillé, c'te criature-là, j'vous mens pas, m'sieur l'curé, quésiment autant que moi, à bûcher, à scier, à harser à la p'tite harse. Elle a fait son savon pendant vingt ans, pis cuit son pain, pis j'vous dis qu'elle achetait pas souvent des hardes de magasin ou ben d'catalogue! Tiens, j'me souviens qu'elle avait besoin d'un corset, après not' deuxième, Barnard... Ça l'avait pris dans l'ventre. Corpulente, pis toute descendue... À d'mande le prix à Guérard. Y était jeune, pis y connaissait pas ben ça tenir magasin. Pas autant qu'son pére. Y sortait du grand collége, à la ville, pis y arrivait icitte plein de toutes sortes d'idées de folleries... Fait poser l'essetrisseté, les closets à chaîne, pis une champlure à l'eau, pis y met toute du prélat sus ses planchers... Toujours que ma femme y demande le prix d'un corset avec des baleines, un corset rose, ben solide, avec des ferrements gros comme le p'tit doigt. Guérard y dit que ça valait six et quatre-vingt-quinze... Ma femme vous l'toise du haut en bas: "Voleur!" qu'à dit. "Un boutte de cotton avec d'la broche pis des lâcets, six piasses, quésiment sept piasses... Sept piasses, on peut dire, à ben y penser... Voleur! Tu iras pas loin à saigner l'pauvre monde par-icitte...!" À r'vient à la maison, poigne du coutil blanc, pis à s'fait un corset, j'vous dis que ça la tenait solide comme une charpente d'étable, ça! Ça y faisait des marques dans la chair, vis-à-vis les broches qu'elle avait l'air carreautée comme une couvarte à carriole... Surtout l'dimanche, quand elle l'avait gardé toute la journée... Mais j'vous dis qu'assis sus sa chaise, elle avait l'corps raide. Pis ça y a fait du bien sans bon sens... Elle avait des dérangements, des journées de corps-lâche que ça empeftait l'tour d'la maison, pis d'autres journées qu'elle était r'serrée comme un jeune au printemps. Avec le corset, pus de trouble! Toute r'venue! Pis ça l'a pas coûté six, sept piasses! J'vous dis qu'à r'gârder à nos cennes comme on fait, on comprend que j'sus pas pour m'acheter des habillements tous les ans ou tous les deux ans... Mais là, mon garçon, celui qui travaille au garage Robin à réparer les autos, y m'a dit: "L'pére, vous avez l'cass' ben magané. La palette eft assez croche qu'elle eft toute roulée..." On a essayé de rentrer un boutte de tôle dedans pour le mettre d'équerre, mais on a déchiré le r'couvrage, ça fait qu'à matin, premiére chose, j'sus allé chez Guérard. J'y avais netteyé sa cour de magasin le mois dernier pis y m'avait dit que ça s'rait du crédit pour moi dans ses livres. J'y ai changé ça contre mon cass' neu', pis vingt livres de farine, pis à part ça du piqué gris pour que ma vieille se taille un jupon chaud pour c't'hiver.»

La femme du bedeau Sauveur Potvin, je n'avais pas de difficulté à l'imaginer puisqu'elle ressemblait comme une goutte d'eau à une autre à l'une de nos voisines du rang Rallonge. Elle s'appelait Florida, se faisait des robes dans des sacs de farine Robin Hood et, le soir, poussait les chiens à hurler à la lune quand elle s'assoyait sur la galerie et, se prenant pour La Bolduc, s'époumonait dans un vieux ruine-babines tout en tapant des pieds comme une échappée d'asile.

Lorsque je lui mimais la scène, le vieux Grec de *Chez Jeanne* mettait un peu de cognac dans mon café. Il s'assoyait dans la cabine devant moi, jetait un coup d'œil aux livres d'Yves Thériault et me demandait de les lui raconter. Je lui rétorquais:

— Il y a bien mieux à faire. Quand Yves Thériault va venir la semaine prochaine à l'école Pie-IX pour une causerie, ça serait bon que vous l'entendiez. C'est un fameux raconteur à ce qu'il paraît.

J'insistai tellement auprès du vieux Grec qu'il finit par accepter mon invitation, mais ce fut sur le tard et après qu'il eût ingurgité pas mal de cognac et changé au moins cinq fois de cravate dans l'arrière-boutique de

Chez Jeanne qui lui servait de chambre à coucher les soirs de mauvais temps. Cette coquetterie du vieux Grec nous fit arriver en retard à l'auditorium de l'école Pie-IX, Yves Thériault ne m'ayant pas attendu pour commencer sa causerie. Je n'étais pas fâché de ne pas avoir à lire le texte sur lui que j'avais préparé pour l'occasion et, avec le vieux Grec, je trouvai à m'asseoir sur la dernière rangée de sièges de l'auditorium. Derrière nous, un élève jouait au libraire, plaçant et replaçant sur une table les livres que Thériault lui-même avait apportés. Puis, je sortis mon calepin noir de la poche de mon veston, fin prêt à noter tout ce que l'auteur de *La fille laide* dirait de ses romans.

Mais rien ne devait se passer comme je le pensais, ce que je ferai voir après la pause publicitaire comme ils disent poliment à la télévision.

4

« Je veux tout l'argent qui existe sur la terre.
Je veux la richesse et je veux la puissance. »

Le marcheur

En 1962, Yves Thériault avait quarante-sept ans et une quinzaine d'ouvrages derrière lui. L'année précédente, il en avait fait éditer pas moins de cinq : *Cul-de-sac*, *Les commettants de Caridad*, *Amour au goût de mer*, *Le vendeur d'étoiles* et *Séjour à Moscou*, ce qui l'avait assuré de la réputation d'être l'écrivain le plus prolifique du Québec. Dans la naïveté de mes dix-sept ans, je croyais qu'une telle fécondité devait suffire à rendre heureux n'importe quel auteur, ce en quoi je me trompais pour mal connaître Thériault. Debout derrière le micro qu'il y avait en plein milieu sur la scène de l'auditorium, Thériault me parut moins grand que je l'avais imaginé et moins athlétique que sur les photos que j'avais vues en consultant les archives de mon professeur. Le corps était peut-être massif et musclé mais ça se voyait mal pour cause d'embonpoint. Le visage surtout était empâté, ce que les cheveux coupés court rendaient encore plus évident. La voix portait loin et avec force, pareille à celle des chanteurs d'opéra, ce que Thériault, tout comme James Joyce et Roger Lemelin, aurait aimé être. Mais la pauvreté l'avait emmené ailleurs, ce que Thériault exprima à peu près ainsi :

— Il a fallu que je fasse moi-même mon chemin parce que je n'avais pas ce bagage que possédaient les autres écrivains qui ont eu la chance de faire des études plus poussées. Au fond, je me suis fait tout seul comme la plupart des écrivains nord-américains qui, de Mark Twain à Jack London, de Herman Melville à John Steinbeck, sont venus à l'écriture après avoir tâté de cinquante-six métiers en sillonnant tout le continent.

Thériault avait seize ans quand il s'est retrouvé sur le marché du travail :

– C'était en 1931, durant la crise, après le krach de la Bourse de New York. Un temps de petite misère, celui des jobines, parce que le vrai travail, c'était rare comme de la merde de pape. J'ai donc fait n'importe quoi pour survivre. J'ai tondu des gazons, pelleté de la neige, conduit une dompeuse à cheval pour la Ville de Montréal. J'ai été aussi conducteur de camion pour Smith Transport puis, plus tard, pilote d'avion. Bien sûr, il y a eu également les six mois que j'ai passés dans le Grand Nord. J'ai fait de la boxe, à vingt-cinq dollars le combat, et joué au tennis professionnel. On faisait des parties d'exhibition le samedi et le dimanche, et ce que je peux dire c'est que, quand tu fais ça en même temps, la boxe et le tennis, tu travailles en maudit ! Un samedi soir, j'ai livré un combat de boxe à Sherbrooke contre un Noir et le lendemain, je me suis retrouvé sur un court de tennis à Montréal. Tout à coup, j'ai eu un drôle de goût dans la bouche, j'ai craché par terre, et c'était du sang. Il y avait un médecin dans les gradins, qui est venu m'examiner et qui m'a remis un papier pour que le lendemain j'aille voir le docteur Vidal de l'hôpital Notre-Dame.

Les radiographies montrant qu'Yves Thériault avait quelque chose aux poumons, le docteur Vidal l'envoya tout de suite au Sanatorium de Lac-Édouard :

— Je prends le train pour le Lac-Saint-Jean, j'arrive à Lac-Édouard en plein milieu de la nuit et, quand j'entre avec le petit matin dans le bureau du docteur Couillard, je le trouve déjà assis à son pupitre. Sans même lever la tête, il me dit tout en continuant d'écrire sur le bloc devant lui : « Déshabillez-vous jusqu'à la ceinture. » Je le fais. Mais avec la boxe et le tennis, j'étais musclé et en forme, et le docteur Couillard a été bien surpris de me voir : « Qu'est-ce que vous faites ici ? » qu'il m'a dit. « Êtes-vous un patient ? » Il m'examine, puis me dit : « On va vous mettre à la cure silencieuse comme tout le monde. Dans quelques semaines, on verra. » Après ça, je monte sur la grande galerie qu'il y avait en haut du Sanatorium, je vois un paquet de monde couché là, toute une bande de pomoniques qui arrêtaient pas de cracher dans leurs maudits crachoirs. Je sais pas comment j'aurais fait pour vivre là si j'avais pas fait la connaissance de deux gars, Floyd et Paré, deux trappeurs qui étaient au Sanatorium à la suite de pneumonies qui avaient mal tourné. On s'assoyait ensemble et on jasait. Un jour, je leur dis : « Écoutez, on va faire quelque chose. Vous allez m'enseigner le bois. Moi, je connais pas ça puis là je regarde la forêt et ça me tente. Le docteur Couillard, j'en fais mon affaire. » Floyd et Paré étaient d'accord. Ça fait que je suis allé voir le docteur Couillard et je lui ai parlé de ce que les gars et moi on rêvait de faire. Il m'a dit : « C'est correct, je vous donne la permission d'aller dans le bois » et, avec un clin d'œil, il a ajouté : « Mais ramenez-moi un orignal, par exemple ! » C'est de même que ça a commencé.

Floyd, Paré et Thériault quittaient le Sanatorium de Lac-Édouard dès le lever du soleil, entraient dans les bois et n'en ressortaient que le soir :

— Pas loin du Sanatorium, il y avait une belle petite crique, avec de la belle eau blanche. C'est là que j'ai appris comment reconnaître le terrain, lire les pistes, aller en raquettes, poser les pièges et écorcher les bêtes. Un jour, Paré a dit : « Ça serait bien plus le fun si on avait une ligne de chasse. » On a fait la demande à Québec, on a obtenu ce qu'on voulait, d'abord huit milles de ligne, puis vingt et un. Et comme on avait braconné pour le docteur Couillard un bel orignal, il nous a permis de coucher dans le bois. Là, j'ai su ce que c'était vraiment que trapper, marcher neuf, dix milles par jour, être chargé comme un mulet si tu fais le moindrement de prises, se bâtir un nouvel abri tous les soirs, faire du feu et écorcher les prises de la journée. Ça a duré tout un hiver. J'étais heureux, tellement que lorsque le docteur Couillard m'a fait venir dans son bureau pour me dire que j'étais guéri et que je pouvais rentrer chez moi, j'ai refusé de partir, préférant plutôt m'en aller avec Floyd et Paré expérimenter une nouvelle ligne de chasse en haut de Chibougamau. Après, on s'est rendus aux Passes-Dangereuses, aux Portes-de-l'Enfer, au nord de Péribonka. On a sorti chacun pour deux mille piastres de peaux. J'étais bien content mais je suis revenu à Montréal quand même à cause de ma mère qui avait des problèmes. Ma sœur était morte et ma mère, très inquiète, n'avait pas la placidité qui lui aurait permis d'accepter le métier que je faisais. Alors j'ai lâché la trappe.

Quel bagage d'expériences pour l'œuvre à venir! Dans *Rosaire*, Jacques Ferron a écrit: «C'est dans la topographie qu'un récit, fictif ou non, trouve son assiette. Sans elle, il s'éparpille et perd de sa cohésion naturelle.» C'est une petite phrase qui a l'air de rien, mais qui est pourtant d'une extrême importance, aussi bien pour l'œuvre de Ferron que pour celle de Thériault. Pour avoir roulé sa bosse à travers tous les pays québécois, tantôt comme trappeur et tantôt comme pilote d'avion, tantôt comme annonceur de radio et tantôt comme conducteur de camion, Thériault s'est bâti une connaissance du territoire qui n'a de comparable chez tous les écrivains québécois que celle, précisément, de Ferron. La différence tient dans la manière: Ferron a acquis sa connaissance principalement par ses nombreuses lectures tandis que Thériault l'a vécue au niveau premier, celui de son corps. Ça explique beaucoup le monde qu'il a créé, tout d'expansion depuis l'enfance: le père avait beaucoup voyagé à cause de la précarité de son métier et de la mésentente conjugale qui pourrissait sa vie familiale; les oncles et les tantes vivaient loin les uns des autres, souvent dans de petits villages qui ressemblaient étrangement au Saint-Léonide des *Vendeurs du temple* ou au Karnac de *La fille laide*, c'était fourmillant d'anecdotes qu'on aimait bien raconter les soirs de veillée dans la tribu. Le jeune Thériault avait une mémoire phénoménale et retint tout. Dans sa causerie de l'école Pie-IX, il revint souvent sur ce thème-là de la mémoire, il en faisait la qualité la plus importante de l'écrivain:

— Celui qui en est privé n'arrivera jamais à grand-chose, il écrira peut-être un premier roman prometteur mais ça sera sans lendemain: quand bien même il écrirait encore dix autres livres, il ne fera plus rien d'autre que de recommencer chaque fois le premier.

Je ne sais pas qui sauta sur cette perche tendue par Thériault pour lui rappeler que c'était précisément ce que la critique lui reprochait: de toujours raconter les mêmes choses. Thériault s'en défendit âprement: qu'est-ce qu'*Agaguk* avait à voir avec les *Contes pour un homme seul* et *Cul-de-sac* avec *Le dompteur d'ours?* Emporté par la colère, Thériault remit en question le rôle des chroniqueurs littéraires et des éditeurs. Moi qui ne m'intéressais absolument pas à ce genre de choses, je me retrouvai d'un seul coup tout à fait désenchanté. Ce que j'attendais de Thériault, ce jour-là, c'était qu'il m'apprenne comment il était devenu écrivain alors que rien, ni dans sa famille ni dans son éducation, ne l'autorisait à voir son nom imprimé sur une couverture de livre. D'où était jaillie cette première étincelle qui avait fait venir la première phrase? De quelle secrète exigence intérieure? Pour m'être mis à noircir moi-même plein de pages qui me laissaient dans le doute profond, les confidences sur le sujet par un écrivain aussi chevronné que Thériault m'auraient sûrement été d'un grand enseignement. Mais aucun mot ne fut dit là-dessus, Thériault ayant enfourché la rossinante de ses frustrations et n'en démordant plus.

Nous eûmes droit à un véritable cours magistral sur les débuts de l'édition chez nous, sur la mainmise qu'y exerçait l'Église et sur l'indifférence de l'État pour les créateurs. Pourtant, répéta plusieurs fois Thériault, on écrit pour faire d'abord de l'argent avec ses livres. Sans indépendance financière, point de loisirs et point de liberté véritable ainsi qu'il l'avait expérimenté douloureusement depuis son entrée en littérature. Ses premiers livres ayant trouvé peu de lecteurs, Thériault devint le mercenaire de sa vieille machine à écrire Remington. Pour gagner sa croûte, il se mit à publier des contes dans les journaux et les revues, il fit de la radio, comme animateur et comme auteur, tout en écrivant de petits romans populaires à dix sous.

«Avais-je le choix? a écrit Thériault dans *Textes et documents*. Avais-je le choix, dans un pays pour lequel la littérature n'existait pas vraiment? Ici, nos maîtres ne sont pas Rabelais, Ronsard ou Villon, mais Philippe Aubert de Gaspé et le frère Untel qui est spécialisé en chefs-lieux de comtés et en histoire sainte. Ici, la littérature, ça a d'abord été une affaire de prêtres. Hors de la soutane et du cours classique, point de salut pour le roman. Et, pendant presque un siècle, deux maisons d'édition seulement: Fidès la censureuse et Beauchemin qui publiait à compte d'auteur. Ça ne pouvait pas faire des enfants très forts, sinon par exception. Si nous sommes tous très fiers aujourd'hui du grand succès de *Bonheur d'occasion* de Gabrielle Roy, je rappelle qu'à sa parution en 1944, ce fut un roman qui passa tout à fait inaperçu, comme *Au pied de la pente douce* de Roger Lemelin qui, par la suite, édita lui-même ses ouvrages. Une telle pratique de l'édition explique pourquoi il ne se publiait pas grand-chose au Québec: une dizaine de romans en 1952 et seulement quatre en 1953. Et quelques rares critiques, souvent féroces et plaignardes, qui posaient toutes la même question: Notre grand écrivain québécois, quand l'aurons-nous enfin?»

Pour quelqu'un comme moi qui songeais à entrer en écriture comme on fait ses vœux de religion, le discours de Thériault était carrément décourageant. À tout moment, j'avais l'impression d'entendre une caisse enregistreuse cliqueter car Thériault revenait constamment au fait qu'être écrivain consistait d'abord à accepter de vivre dans la misère à moins de faire comme le père Ovide du *Survenant* de Germaine Guèvremont et de pratiquer en parallèle toutes sortes de faux métiers.

Quand quelqu'un dans l'assistance interrompit Yves Thériault pour lui rappeler qu'il avait tout de même publié en France, notamment *Agaguk* qui avait été en lice pour le prix Goncourt, et que cela avait dû lui rapporter pas mal d'argent, la réplique ne tarda pas:

— Pour que mon roman soit vraiment entendu en France, il aurait fallu que je l'écrive en esquimau. Les Français m'auraient alors traduit comme ils le font pour les romans américains et, ainsi, peut-être m'auraient-ils considéré comme leur contemporain et non plus comme le lointain cousin d'Amérique trop différent d'eux pour faire vraiment partie de la même famille.

En 1962, je ne pouvais pas savoir qu'Yves Thériault arrangeait à sa façon tout ce qui avait entouré la publication d'*Agaguk* en France. Je ne l'apprendrais qu'en

1996 quand Paul Michaud, alors son éditeur, publiera
ses mémoires, consacrant à Thériault quelques-uns des
chapitres les plus importants de son ouvrage. J'y décou-
vrirai comme la face cachée d'un personnage qui, pour
aimer jouer souvent à la victime, n'en était pas moins un
joyeux victimaire lui-même, peu scrupuleux, absolument infidèle aussi bien pour ses affaires qu'en amitié,
pareil à une girouette conditionnée par la direction des
vents, la seule mesure à jauger étant tout le profit à réaliser immédiatement.

Propriétaire d'une librairie et d'une maison d'édition portant un nom pompeux, L'institut littéraire de
Québec, Paul Michaud animait surtout un club du livre:
à ses deux mille abonnés, il offrait des romans français
ou traduits de l'américain après en avoir acheté les droits
aux éditeurs parisiens. Il les faisait imprimer au Québec
sous son étiquette afin d'en rendre les coûts plus abor-
dables pour les lecteurs de son club. Les affaires étant
prospères, Michaud eut l'idée d'ajouter quelques auteurs
québécois à son catalogue, notamment Roger Lemelin
qui se publiait lui-même et qui consentit à céder ses
droits pour un tirage limité de *La famille Plouffe*. Enthousiasmé par la réponse de ses abonnés, Michaud décida
de devenir vraiment éditeur. Après avoir publié *La belle
bête* de Marie-Claire Blais, il prit goût au métier au point
qu'il contacta Thériault pour lui proposer de devenir
son éditeur. Ça ne pouvait pas mieux tomber pour l'un
comme pour l'autre: Michaud avait besoin dans son écurie d'un auteur déjà célèbre même s'il portait à contro-
verse, et Thériault mangeait ses bas parce que ses romans

étaient mal diffusés et se vendaient peu. Il buvait alors beaucoup, ce qui ne faisait qu'ajouter à son découragement. Il menaçait à tout moment d'en finir en se suicidant comme plusieurs des personnages de son œuvre parce qu'il était souvent à court d'argent, ce qui le forçait à s'éparpiller et à gaspiller ainsi son talent. Michaud lui proposa un contrat d'édition plutôt singulier : il paierait trois dollars et cinquante chacune des pages qu'écrirait Thériault, plus un dollar pour la révision. Comme l'écrit Michaud dans ses mémoires :

«À Thériault d'en produire suffisamment chaque semaine pour se garantir un revenu hebdomadaire minimum décent ; à moi de trouver les fonds pour assurer le paiement de trente-cinq ou quarante pages par semaine. Bien structurée, l'affaire devrait suivre son cours normalement et aboutir à ce livre dont rêvait Thériault et qui aurait pour titre *Agaguk*.»

Selon Michaud, la gestation et l'écriture d'*Agaguk* furent un véritable enfer pour Thériault, peut-être parce qu'il avait écrit des dizaines et des dizaines de contes pour la radio, que c'étaient là des œuvres relativement courtes qui ne demandaient pas un investissement complet de soi-même comme c'est le cas pour une saga. À de courtes périodes de fébrilité succédaient de longues journées de léthargie qui le mettaient hors de lui. Michaud écrit encore :

«Il partait certains soirs au volant d'une bagnole qu'il s'était procurée et, comme s'il avait voulu faire d'un carillon son glas, il téléphonait à sa femme au timbre de chaque heure pour lui signifier que cette heure était sa dernière et qu'il allait jeter sa voiture contre le premier pilier qu'il jugerait assez solide pour accuser le coup. Ce dont il avait pourtant besoin, ce n'était pas d'une balle dans la tête mais d'un coup de pied au cul. Son grain de sable avait pour nom lassitude devant le chemin à parcourir. S'attaquer à une fresque lui était lourd à porter. Il était vaincu par l'effort; ce n'était pas cérébral, c'était physique.»

Malgré les frasques éthyliques de Thériault qui le portaient à courir la prétentaine de façon plutôt cavalière, même dans l'antre sacré de l'éditeur, Michaud ne détela pas, convaincu qu'*Agaguk* deviendrait un best-seller. Quand il lut enfin le manuscrit dans son intégralité, plus de doute possible : *Agaguk* était bien le grand livre québécois que tout le monde attendait, aussi bien chez nous que de l'autre côté de l'Atlantique. Empruntant dix mille dollars dans une banque, Michaud décida de frapper un grand coup : publier simultanément *Agaguk* au Québec et en France. En utilisant les entrées qu'il avait chez Grasset avec lequel il brassait des affaires depuis la guerre, pouvant compter sur l'aide du romancier Hervé Bazin qui aimait bien venir au Québec pour trousser le jupon, Michaud ne fit pas cachette de son ambition : rien de moins que le Goncourt pour *Agaguk*. Grasset accepta de parrainer Thériault à Paris mais en autant que Michaud paie lui-même les deux mille cinq cents exemplaires de l'édition française :

«La France avait ceci de retors que si on voulait qu'elle nous aide, il nous fallait l'aider à le faire !»

Après un battage publicitaire sans précédent au Québec, Michaud et Thériault se retrouvèrent donc à Paris, non sans avoir dû négocier avant avec Grasset qui demandait qu'on épure *Agaguk* de tout un chapitre, celui dans lequel le héros du roman se masturbait plutôt frénétiquement. Pourtant peu familier avec les compromis, Thériault accepta de supprimer les passages dont Grasset ne voulait pas: comme Michaud, il croyait lui aussi qu'*Agaguk* pourrait décrocher le Goncourt. Au cours d'une énorme réception, l'ambassade du Canada à Paris rendit à Thériault un hommage digne d'un grand écrivain, ce qui lui ouvrit les portes du Tout-Paris littéraire — aucun auteur québécois, avant Thériault, n'avait eu droit à une pareille campagne de promotion. Plus que jamais, tous les espoirs étaient donc permis.

Satisfait, Michaud décida de rentrer à Québec avec Thériault afin d'y promouvoir *La fille laide*. Désireux de saluer les gens de chez Grasset avant son départ, il se pointa à la maison d'édition, étonné de n'y trouver personne pour le recevoir, sauf une réceptionniste qui l'accueillit comme un chien dans un jeu de quilles. Quelque chose avait dû se passer chez Grasset, mais quoi?

La vérité, Michaud devait l'apprendre quelques mois plus tard quand, inquiet de ne toujours pas avoir de nouvelles de Paris, il alla s'informer de la chose auprès de l'éminence grise de chez Grasset, Hervé Bazin lui-même. Les confidences qui lui furent faites le catastrophèrent si totalement qu'il en rompit du coup toute relation avec Thériault. Ainsi que Michaud l'écrit dans ses mémoires:

«Bazin me reçut avec sa chaleur habituelle et, me prenant par l'épaule en marchant vers son bureau, il me dit, d'entrée de jeu, de ne pas chercher midi à quatorze heures, que le sort du roman *Agaguk* avait été scellé dès le départ par l'attitude même de son auteur. Il m'expliqua que Thériault n'avait cessé, durant le peu de temps qu'il avait passé chez Grasset, de draguer toutes celles qu'il avait croisées sur son chemin. De la mignonne téléphoniste à l'austère préposée aux ventes, les mains baladeuses de Thériault s'étaient promenées sans vergogne.»

Devant les plaintes répétées de ses employées, la haute direction de Grasset aurait fait savoir à Thériault qu'il n'était plus le bienvenu dans la maison; et l'austère préposée aux ventes, revancharde, aurait organisé le boycott d'*Agaguk* – des notes non signées, a prétendu Michaud, des mises de côté sans suivi, «à se demander si les envois d'office, tant aux journalistes qu'aux libraires, avaient été faits».

Le résultat de la libido exacerbée de Thériault chez Grasset fut que bien loin de remporter le prix Goncourt, *Agaguk* n'obtint en France aucun succès, pas plus dans la presse qu'auprès du lecteur. Le rêve que Thériault avait d'une éblouissante et riche carrière internationale à la John Steinbeck venait de s'effondrer à tout jamais. Quant à Michaud, il ne se remit pas vraiment de tout l'argent qu'il avait investi dans l'aventure d'*Agaguk*. Il cessa d'éditer et son dépit fut tel par-devers Thériault qu'il fit un paquet de son gros manuscrit *La quête de l'ourse*, pour lequel il avait payé déjà les droits d'auteur, et alla le ranger au fond d'un grenier, déterminé à ne pas en faire paraître une seule page tant qu'il serait vivant. Vingt ans plus tard, il faudra tout le talent diplomatique d'Alain Stanké, devenu l'éditeur de Thériault, pour que Michaud accepte enfin de laisser publier *La quête de l'ourse*.

Dans sa causerie de 1962 à l'école Pie-IX, Thériault ne dit évidemment pas un mot sur ce qui s'était réellement passé à Paris en 1959. Ainsi que je l'ai déjà écrit, il blâma plutôt la presse française et ne s'en voulait que pour une chose: ne pas avoir écrit *Agaguk* en langue esquimaude. Ça semblait si sincère que je retins la leçon, en tous les cas pendant presque toute une année, entreprenant moi-même l'écriture d'un roman... en langue algonquine! À la salle Gagnon de la Bibliothèque de Montréal, j'étais tombé sur le dictionnaire français-algonquin de l'abbé Georges Lemoine, j'avais passé au travers pour transcrire dans mon calepin un grand nombre de mots que je comptais mettre dans la bouche de mon personnage principal, un Amérindien devenu robineux au Carré Saint-Louis et parlant pour moitié algonquin et pour moitié joual:

«Porteur d'une *odjici* (grande balafre) sur sa *nov* (joue), *Mikizananisi* (petit-oiseau-bleu) était un *mite* (jongleur) soucieux de *nanakwiwin* (vengeance) contre l'homme blanc *matci* (corrompu).»

Voilà comment commençait ce roman si invraisemblable que je finis par l'abandonner quand je compris enfin que la langue algonquine ne s'apprenait pas en pigeant presque au hasard des mots dans un dictionnaire.

Aujourd'hui, le seul dont je me souvienne encore c'est *kanicipijikwatisite*, qui veut dire « vil fornicateur »!

Après avoir vendu tous ses livres qu'il a dédicacés patiemment, Yves Thériault quitta l'école Pie-IX sans que j'aie osé même m'approcher de lui : je n'avais pas d'argent pour acheter l'un de ses romans et j'avais toujours peur qu'il me reconnaisse comme étant celui qui lui avait écrit une lettre à son *Courrier pour hommes seulement*. Je me contentai donc de le regarder de loin. Plus impressionné que je l'étais ce jour-là, tu meurs! Thériault étant le premier écrivain que je voyais en chair et en os, comment n'aurais-je pas été subjugué ? J'en parlerai longuement à mon vieux Grec quand, de retour *Chez Jeanne*, je m'assoirai avec lui dans la cabine, une bouteille de cognac entre nous deux. Il ne restait plus grand-chose dedans mais je n'eus même pas à en boire la dernière goutte avant de dire au vieux Grec qui, pour une fois, en resta bouche bée :

— J'abandonne l'école Pie-IX! Si Yves Thériault est devenu écrivain en n'ayant même pas un diplôme de neuvième année dans sa poche, pourquoi pas moi? S'il faut que je fasse n'importe quoi pour y arriver, eh bien! je ferai n'importe quoi.

Et c'est exactement ce que je fis après mon départ de l'école Pie-IX : n'importe quoi.

5

« J'aurais été, je pourrais être,
disait mon rêve, un surhomme à la barre,
défiant non seulement mes pareils,
mais aussi la vague, crachant du mépris
dans la mer furieuse. Oui, je pouvais défier,
railler, blasphémer… c'était le rêve ! »

Les temps du carcajou

Quand j'annonçai à mes parents que j'abandonnais mes études pour mieux devenir écrivain, les bras leur en tombèrent: s'ils n'avaient pas voulu que je perde mon âme en devenant cultivateur dans le rang Rallonge de Saint-Jean-de-Dieu, imaginez ce qu'ils pouvaient bien penser des dangers que j'allais encourir en me faisant romancier. Ils savaient, bien sûr, que j'avais établi mon quartier général sur la galerie derrière chez nous et que je tapais à deux doigts sur une vieille Underwood, une poubelle en guise de pupitre, mais ils ignoraient sur quoi je besognais vraiment – sans doute un simple article pour le journal de l'école ou bien un machin quelconque que je présenterais au concours littéraire Beauchemin, ce qui me rapporterait probablement trois cents dollars que mon père me demanderait de lui remettre, son tacot ayant besoin d'être réparé, le réfrigérateur devant être changé, quand ce n'était pas un set de chambre ou la prothèse dentaire de l'un de mes frères! Pour mes parents, il n'y avait que cette seule écriture-là qui comptait, celle grâce à quoi on pouvait mettre la main sur quelques inespérés billets de banque. L'autre écriture, la vraie, ne rapportait rien. Elle rendait plutôt fou comme c'était arrivé à Émile Nelligan. Mon père connaissait son histoire par les sœurs de la Providence pour qui il travaillait toujours et, lorsque ma mère me surprenait à lire ou à écrire la nuit, j'avais droit, au petit-déjeuner, à une manière de sermon qui se terminait tout le temps ainsi :

— Nelligan buvait, menait une vie déréglée et composait des poèmes. Ça l'a mené tout droit à l'asile de Saint-Jean-de-Dieu. Son égarement était tel qu'il avait toutes les misères du monde à mettre ensemble les petites et les grandes jaquettes dans la buanderie de l'hôpital.

Quant à ma mère, elle avait résumé dans une phrase lapidaire tout ce qu'elle pensait de la littérature ce jour-là que j'étais arrivé à la maison avec les trois gros tomes des *Misérables* de Victor Hugo :

— C'est des folleries ! Les folleries, on lit pas ça ! On les met avec les autres ordures sur le bord de la rue pour que les vidangeurs partent avec !

Incapable de me faire revenir sur ma décision d'abandonner mes études, mon père me proposa alors d'aller travailler avec lui au Mont-Providence. Garder des fous plutôt que d'en devenir un, ça n'avait rien pour me tenter vraiment, surtout que ma sœur aînée et trois de mes frères y besognaient déjà. Si je n'avais jamais mis les pieds au Mont-Providence, je connaissais quelques-uns des aliénés qu'on y hébergeait, mon père les emmenant parfois passer la fin de semaine à la maison. À son dire, ces pensionnaires-là n'étaient pas vraiment fous. Ils étaient plutôt de pauvres orphelins qu'on n'avait pas trouvé à caser quelque part ailleurs. Ils vivaient pourtant dans les mêmes grandes salles-dortoirs que les oligophrènes et les hydrocéphales. Par mimétisme, ils finissaient tous par leur ressembler, ils se mongolisaient comme le prétendait mon père — ils avaient tous la démarche pesante, ils étaient lents comme des tortues et portaient souvent des lunettes au travers desquelles ils ne semblaient pas voir grand-chose quand nous les emmenions jouer au baseball dans le parc Sauvé à deux coins de rue de chez nous: un bâton dans les mains, ils regardaient passer la balle sans jamais essayer de la frapper, incapables qu'ils étaient de réaliser deux actions en même temps.

Comme j'étais celui que mon père choisissait souvent pour amuser ses protégés du Mont-Providence, je n'avais aucune envie de m'y retrouver. Mais mes parents insistant pour que j'aille au moins visiter l'institution, je m'y rendis donc. Je fus accueilli par une religieuse fière de son chapelet dont les grains étaient des grosses amandes, ce qui faisait un bruit d'enfer dès qu'elle se mettait en marche. En fait, le diable emportait la bonne sœur dans les corridors du Mont-Providence et dans les salles-dortoirs où nous ne faisions qu'entrer et sortir tellement ça allait vite. Je ne comprenais rien de ce qu'on me disait non plus: la bouche édentée, la religieuse susurrait plus qu'elle ne parlait, comme j'imaginais qu'elle devait le faire quand elle récitait les litanies. À part ça, elle était sourde comme un pot: sur le formulaire d'emploi qu'elle tint elle-même à remplir, je ne m'appelais plus Lévy Beaulieu mais Rémy Beaudoin! Après lui avoir demandé par quatre fois de corriger l'erreur, je me retrouvai encore avec une nouvelle identité: Lévy Beaubien. Je m'emparai du formulaire, le déchirai sous les yeux épouvantés de la bonne sœur puis, après avoir fait revoler les bouts de papier autour de moi, je quittai le Mont-Providence en courant mais content de pouvoir m'en tirer à si bon compte. S'il avait fallu que la bonne sœur m'embauche dans cette maison de fous que, bien des années plus tard, je verrai dans *Vol au-dessus d'un nid de coucous*, l'Amérindien seul m'étant donné en supplément!

Le Mont-Providence n'étant pas fait pour moi, où pouvais-je bien trouver de l'ouvrage? Personne n'avait besoin de moi et de mon diplôme de onzième année. Mes parents, qui avaient hâte que je leur paie pension, s'impatientaient. Quand le directeur du personnel de la Banque Canadienne Nationale m'offrit enfin un job de commis à quelques coins de rue du Carré Saint-Louis, j'acceptai en me disant que si Blaise Cendrars avait commencé sa vie publique dans une banque comme Jean Giono et Herman Melville, alors pourquoi pas moi aussi? Ça ne m'empêcherait pas de continuer à écrire des romans sur le balcon derrière chez nous, une poubelle en guise de pupitre.

C'est ce que je fis d'ailleurs pendant la vingtaine de mois que dura mon emploi à la banque. On ne me jeta pas dehors, c'est moi qui en sortis pour cause de maladie: atteint par la poliomyélite, je passai deux mois couché sur un panneau de bois à l'hôpital Pasteur, que dirigeaient, sans beaucoup de compassion, nulles autres encore que les bonnes sœurs de la Providence! Décidément, mon destin était de les rencontrer partout, sans doute pour que j'écrive à partir d'elles tout le ressentiment que j'avais. Cela donna un long article qu'accepta de publier le magazine *Perspectives*, dans une version que Marcel Dubé m'aida à corriger. Mais j'étais tellement gêné de me sentir infirme que je n'osais pas vraiment parler à Dubé, ni de sa pièce *Un simple soldat* que je connaissais par cœur, ni de tous ses téléthéâtres que j'avais vus. Assis devant lui, je me disais seulement par-devers moi-même que je ne travaillerais plus jamais dans une banque et que, en attendant qu'un éditeur accepte de publier mes romans, je tenterais plutôt ma chance du côté du journalisme comme Yves Thériault l'avait fait avant moi.

Je refusai pourtant le premier emploi qui me fut proposé, celui de scripteur à Radio-Canada — pour le bulletin publicitaire hebdomadaire, je devais écrire des articles élogieux sur les nouvelles émissions qu'on mettait en ondes. En commençant, je gagnais déjà plus d'argent que mon père n'en faisait au Mont-Providence. Je me souviens comme d'hier de ce lundi matin où je pris l'autobus de la rue Monselet pour m'en aller travailler à Radio-Canada, rue Dorchester Ouest. L'autobus eut tout juste le temps d'emprunter le boulevard Pie-IX que j'en descendis, entrant dans ce restaurant où j'écrivis rien de moins que ma lettre de démission... pour un emploi que je n'occupais pas encore! Pour mes parents, aucun doute: je n'avais même pas eu besoin d'écrire des poèmes comme Émile Nelligan pour devenir fou à lier. Mon cas les désespérait, surtout pour cette pension que je devais payer et qui se faisait encore attendre.

Je dois avouer que je n'éprouvais aucun remords à exaspérer ainsi mes parents. Je ne leur pardonnais pas de ne pas avoir donné suite à mon projet de racheter la ferme du rang Rallonge. Si j'étais devenu cultivateur comme je le souhaitais tant, c'était une évidence pour moi que je n'aurais jamais eu la poliomyélite. Avec mon bras gauche en démanche, les travaux des champs ça ne serait jamais plus pour moi. J'avais aussi un deuxième motif pour en vouloir à mes parents: ils avaient profité du fait que j'étais à l'hôpital pour vider mon compte en banque sous le prétexte de choses à m'acheter. En fait, tout ce que m'avait rapporté mon argent ainsi dérobé, ce fut une minable radio en plastique et couleur caca d'oie!

On ne passe toutefois pas tous les jours à côté d'un job de scripteur à Radio-Canada. Je partais tôt le matin de la maison, je viraillais toute la journée dans Montréal, je remplissais plein de formulaires mais en pure perte: on ne voulait pas d'handicapé nulle part, et surtout pas d'un qui écrivait de la main gauche, tout de travers parce que je ne pouvais pas bouger mon bras, ma main droite poussant le papier vers mon stylo, ce qui faisait de toute page que je rédigeais un véritable paysage de montagnes russes.

Entre deux demandes d'emploi, j'allais bouquiner dans cette librairie de la rue Bleury, juste en face du collège Saint-Marie. J'y rencontrai un ancien camarade de l'école Pie-IX qui faisait désormais son cours classique: on avait fait un accroc à la politique du collège, y acceptant dans des classes spécialement conçues pour eux, des enfants déçus de l'école publique. J'allai vite au collège Sainte-Marie pour m'y inscrire et, à ma grande surprise, j'y fus tout de suite accepté. Mes parents n'en déragèrent pas pendant les trois semaines que j'y passai, toujours pour la maudite pension qui leur échappait encore. Mon père refusa même de défrayer mes frais d'inscription au collège Sainte-Marie. J'en étais si furieux, je l'abîmai de tellement de bêtises qu'assis au bout de la table de la cuisine il se mit à pleurer, défait dans tous ses petits morceaux. Trois jours après, les bons pères du collège Sainte-Marie me mirent à la porte, l'œcuménisme n'étant pas encore leur fort. Je cachai la mauvaise nouvelle à mes parents: avec mon lunch dans un sac de papier brun à la main, je partais soi-disant tous les matins pour le collège Sainte-Marie. En réalité, je vadrouillais, comme perdu dans le centre-ville, y faisant le tour des librairies, des boutiques, des salles de billard et parfois des tavernes, quand je réussissais à emprunter quelques dollars à l'un de mes frères.

C'est ainsi que je passai un jour devant le poste de radio CKLM, rue Sainte-Catherine Ouest. Après y être entré pour simplement en visiter les studios, j'en ressortis, dûment embauché comme... scripteur publicitaire! Sans aucun doute, j'étais poursuivi par le mythe d'un Yves Thériault qui, après avoir laissé tout comme moi ses études secondaires, avait attrapé la tuberculose, s'en était sorti en jouant au trappeur dans les Laurentides jusqu'à ce que le hasard l'emmène aux Trois-Rivières où il était devenu annonceur dans un poste de radio en même temps que Félix Leclerc:

— C'est là que j'ai écrit mes deux premiers sketchs, que Leclerc et moi on jouait. Ça aurait pu en rester là quand, devenu chômeur encore une fois, je me suis retrouvé le cul sur la paille à Montréal. C'était en 1939. Pas loin de chez moi, il y avait une pharmacie sur le boulevard Décarie, avec un comptoir-lunch. À midi, il y avait un tas d'étudiantes qui venaient y manger. Je les aimais bien, c'étaient de bonnes petites bourgeoises à qui je parlais. Un jour, je tombe sur une revue française faite à New York, et dans laquelle il y avait un conte de Ramuz. Quand les filles sont venues dîner à la pharmacie, j'ai dit à l'une d'elles en lui montrant le conte de Ramuz: «Ça, je serais capable de l'écrire.» Elle m'a répondu: «Penses-tu! Avec l'instruction que t'as!... Ça prend un diplôme de la faculté des lettres de l'Université de Montréal pour écrire.» Le discours de la petite Legault m'avait impressionné mais en même temps j'étais assez aventurier et aventureux pour aimer les défis. Ça fait que dans l'après-midi je suis allé me louer une machine à écrire. On m'a donné cinquante feuilles de papier avec. Moi, la machine à écrire, j'avais jamais touché à ça. Mais après deux jours de zigonnage, j'ai écrit un conte d'un feuillet, *La Marie*, que j'ai envoyé au *Jour* de Jean-Charles Harvey. J'avais même pas mis d'adresse de retour dans l'enveloppe, juste mon nom. Parce qu'au moment de préparer mon envoi, je m'étais souvenu de ce que la petite Legault m'avait dit et, par-devers moi-même, je pensais: «Je suis pas passé par la faculté des lettres, j'ai pas le droit d'écrire.» Six semaines après, j'achète *Le Jour* et j'ai la surprise de voir mon conte publié en première page. Je montre ça à la petite Legault qui me dit: «Des Yves Thériault, il peut y en avoir plusieurs. Ça veut pas dire que c'est toi.»

Aussi cet après-midi-là, j'ai écrit un autre conte, je l'ai mis dans une enveloppe adressée et timbrée et je l'ai apporté à la petite Legault. Je lui ai dit : « Lis-le, puis va mettre toi-même l'enveloppe dans la boîte à malle l'autre bord de la rue. On verra bien. » Six semaines plus tard, ce deuxième conte a été publié, en première page lui aussi. Après bien, j'ai continué. J'ai toujours su mieux écrire un conte que n'importe quoi d'autre. Ça m'est toujours venu naturellement. Essentiellement, je suis peut-être un raconteur-né, dans la lignée des grands conteurs oraux. Je me retrouve assez bien, je pense, dans cette définition que Ferron a donnée de lui-même : « Je suis le dernier de la tradition orale et le premier de la tradition écrite. » Quand j'ai commencé, je n'avais pas tellement d'idées sur ce que je faisais, jusqu'au jour où, étant à Ottawa, quelqu'un m'a dit : « Ce que vous écrivez, c'est de parenté très proche avec Giono. » Alors j'ai couru à la bibliothèque Carnegie pour savoir qui était ce Giono que je ne connaissais pas. À le lire, je me suis rendu compte que c'était vrai, que Giono et moi on voyait la nature, les choses et les gens de la même façon. Ça m'a stimulé en maudit et bien encouragé dans mon écriture.

Mais publier des contes dans *Le Jour* ou bien dans le *Bulletin des agriculteurs*, ça ne rapportait pas grand-chose, même pas de quoi mettre du beurre sur ses épinards, tout le contraire de ce qui se passait aux États-Unis où les auteurs de *short stories* gagnaient fort bien leur vie. Thériault se mit donc à écrire en anglais, inondant les revues américaines de ses textes :

— Les premiers, on me les retournait avec une petite note stéréotypée. Puis, peu à peu, on s'est mis à m'envoyer des notes manuscrites m'indiquant ce qui plaisait ou déplaisait dans mes contes. J'ai compris que, pour percer aux États-Unis, c'était une question de temps. J'avais toutefois une femme, deux enfants et des besoins d'argent qui ne me permettaient pas d'attendre. Et je n'ai pas attendu. J'ai fait une croix sur mon rêve américain et j'ai définitivement opté pour le français, même si je savais que j'allais me retrouver devant un bien petit marché. Comprenez qu'à cette époque *Photo-Journal* payait cinq dollars pour un conte. Je me souviens même d'avoir écrit une longue nouvelle, *Basile*, pour *La Revue populaire*, et quand je suis allé la porter au directeur et que je lui ai demandé combien il m'en donnerait, il a répondu: «Normalement, on ne paye pas parce qu'en vous publiant c'est de la belle publicité qu'on vous fait.» J'ai fini par lui arracher trente dollars!

Heureusement qu'il y avait alors la radio, ses romanssavons (ainsi appelés à cause des commanditaires qui faisaient presque tous dans la lessive!), ses dramatiques et ses contes que lisaient les meilleurs comédiens de l'époque. Pour avoir été annonceur de radio, Thériault ne mit pas de temps avant d'avoir ses entrées partout, notamment à Radio-Canada, à CKVL et à CKAC, les trois postes les plus écoutés aussi bien à Montréal que partout ailleurs au Québec. Pour la radio, il écrivit jusqu'à treize séries dramatiques par semaine! Où prenait-il son temps pour en faire autant? Quand je l'interviewerai en 1968, Thériault me dira là-dessus:

— Je me levais à huit heures le matin et je m'en allais tout de suite en ville pour faire ma tournée. Quand t'écris beaucoup comme je le faisais, ça te force à voir un tas de monde. Je commençais par CKVL, filais ensuite à CKAC, puis me rendais à Radio-Canada. En fin de journée, j'allais à l'hôtel *Provincial* en face de Radio-Canada. En bas, il y avait un bar où, avec les copains, on chiquait la guenille. La soirée se passait dans les mondanités et les cocktails. Vers dix ou onze heures, je rentrais à la maison, je descendais dans mon bureau au sous-sol et je travaillais jusqu'à quatre heures du matin. Là, je me couchais pour me réveiller à huit heures. Il me fallait deux réveille-matin pour me sortir du lit et dans les poches ma poignée de bines de café pour me tenir réveillé. Une vie maudite au fond, pas plus joyeuse que ça. On me disait: «T'en fais trop», mais dans ce métier-là, à l'époque, l'écrivain était mal placé pour refuser n'importe quelle offre qu'on voulait bien lui présenter.

Dans *Yves Thériault se raconte*, une série d'entretiens animés par André Carpentier, on trouve de beaux passages sur l'apprentissage de Thériault comme auteur radiophonique. Il était alors à l'emploi du poste de New-Carlisle. Les découvertes qu'il y fit allaient lui servir tout le reste de sa vie comme le dit lui-même Thériault:

«À New-Carlisle, j'ai compris que j'étais seul. Il n'y avait qu'un opérateur au transmetteur, à peu près à cinq milles de New-Carlisle, et qu'un certain Tony Allard qui venait lire les nouvelles. C'était tout. Moi, je faisais le reste. On ouvrait à six heures le matin et on fermait à six heures le soir. Six mois plus tard, le docteur Houde nous a annoncé qu'on resterait ouverts dorénavant jusqu'à onze heures le soir.

« Le réseau, ce n'était pas Radio-Canada, c'était la Commission canadienne de la radio, la CRC, et la transmission était faite sur les fils du télégraphe du CNR. Ça arrivait sur un fil à New-Carlisle. Dans la gare de New-Carlisle, il y avait une toute petite pièce avec une petite fournaise à bois, et là-dedans il y avait un opérateur qu'on appelait un opérateur de *repeater*. Lui, il prenait le programme qui venait sur le fil de télégraphe, avec toutes les interférences que ça suppose, et le passait dans un circuit de nettoyage qui supprimait tous les bruits parasites et qui nous l'envoyait au poste.

« J'arrivais à cinq heures le matin et je prenais les nouvelles transmises en anglais par la *Canadian Press*, parce qu'il n'y avait pas de *Canadian Press* en français. C'était un ruban, comme un *ticket* de courtier, que je collais sur du papier, que je traduisais et que je lisais sur les ondes.

« Le poste était ouvert seize heures par jour et je partageais le temps d'antenne avec une jeune fille. On travaillait sept jours par semaine. Ça ne faisait pas beaucoup de congés. En fait, les congés, c'était quand je fermais le poste tous les soirs à onze heures. Alors, je descendais au *repeater*, à la gare, où les deux opérateurs se tenaient le soir. C'étaient deux chums. Il y avait un Noir qui s'appelait Simpson, et un Blanc aussi. On partait ensemble et on allait à la *Maison blanche*. C'était l'hôtel de Kit Roy, qui avait perdu son permis, je ne sais plus pour quelle raison, mais qui vendait de la bière dans la cave.

On s'assoyait parmi les caisses de bière et les régimes de bananes. On mangeait et on buvait de la bière à la grosse bouteille jusque vers trois heures du matin. Après, j'allais me coucher et je me relevais presque aussitôt pour arriver au poste à cinq heures. À cause d'une somme de travail énorme, j'ai maigri beaucoup à cette époque-là, même avec toute la bière et les bananes que j'avalais.

« Cette époque a été héroïque, héroïque mais plaisante. Ce qu'il y avait surtout de beau là-dedans, c'est que je me sentais bien, je me retrouvais. Je me disais : « Bon, dans ce métier, je suis heureux, je peux faire ce que je veux, je peux faire ce que me disent mes tripes. »

« Je pouvais créer, créer avec cette espèce de communication avec le public. J'avais suggéré au docteur Houde de faire une émission pour les enfants. J'appelais ça *Le cousin Henri*. J'improvisais des contes, des histoires, sans aucune note ni aucune écriture préalables. J'avais du courrier. Le cousin Henri recevait toutes sortes de cadeaux, y compris des cravates, et beaucoup de courrier. Ça a continué un bon bout de temps. J'ai découvert que le cousin Henri avait une bonne communication avec les enfants. Je savais leur parler.

« On avait aussi une émission qui s'appelait *Les joyeux troubadours Labatt*. Il y avait Gene Beaulieu, le notaire Dorais, de New-Carlisle, qui jouait de la contrebasse, une jeune fille de dix-sept ou dix-huit ans qui jouait du piano, Tod Dobson à la guitare, et parfois le frère de Tod. C'était de la musique du bon vieux temps, des gigues. Gene Beaulieu était un violoneux extraordinaire, un des bons que j'ai entendus dans ma vie. Un soir, j'ai dit à Tod qui chantait de temps en temps: "Moi aussi je chante." On a décidé alors que je chanterais *My little Buckaroo* comme thème de l'émission. Ça a commencé comme ça. Mais je n'utilisais pas mon nom, je m'appelais Jack Benson.

«Par la suite, on a fait des *barn dances*. Ces *barn dances* ne se faisaient pas dans des granges, mais dans des salles paroissiales d'églises protestantes, des "mitaines", le long de la côte de Gaspé et au Nouveau-Brunswick. On avait acheté une énorme *Buick touring* dont les vitres ne remontaient pas. Il fallait abaisser le toit ouvrant et mettre des plaques de mica pour se protéger du vent. La plupart des villages où on jouait étaient sous la loi de la prohibition; alors on apportait de la bière dans le coffre arrière et on la vendait aux gens de la place. On faisait un profit là-dessus. Avec le pourcentage qu'on touchait sur les billets et la vente de la bière, on faisait finalement pas mal d'argent.»

À cette époque, c'était ainsi qu'on apprenait à travailler pour la radio. Parce qu'on manquait de moyens, il fallait réinventer le monde tous les soirs. Pour simuler un orage électrique, on faisait aller la chasse d'eau de la toilette et on enregistrait les bruits qui en venaient. Pour *La louve*, l'un des premiers textes radiophoniques de Thériault, le stratagème fut le suivant:

— *La louve*, c'était l'histoire d'une femme qui, après avoir averti souvent son mari, se transformait en louve et le dévorait parce qu'il était méchant. J'écrivais ces textes pour l'effet sonore, pour qu'on puisse entendre un hurlement de loup. Le hurlement de la louve en question avait été réalisé en soulevant le couvert du piano à queue et en mettant un poids sur la pédale forte. Étant plus jeune et ayant la voix moins basse, j'imitais assez bien ce hurlement. Le micro était placé à la queue même du piano et la plainte semblait venir de loin à cause de la réverbération sur les cordes. C'était magnifique, c'était épeurant. On recevait même des coups de téléphone de gens qui disaient: "Ne faites plus ça, vous nous fichez la trouille!" Ah bien là! j'étais heureux, j'avais obtenu l'effet désiré.

Et cet effet auquel tenait l'écrivain, c'était d'abord et avant tout celui de la sonorité: à toutes les trente secondes ou à toutes les minutes, une image venant tout aussi bien du texte lui-même que du choc d'un bruit significatif. Dans ses émissions radiophoniques, Thériault a été l'un des premiers à travailler en profondeur cet aspect-là des choses. Et il en était fier comme on peut s'en rendre compte quand on relit *Littérature pour l'oreille*, un texte qu'en 1953 il a écrit sur la radio. À cette époque, ils étaient nombreux ceux qui méprisaient la radio. Certains de nos meilleurs écrivains ne voulaient pas y collaborer. Imaginez! Y écrire une dramatique d'une demi-heure, entre des chansons de Willie Lamothe et du soldat Lebrun! Quelle abomination pour un créateur digne de ce nom! Pourtant comme l'a écrit Thériault:

«Il ne peut exister de différences fondamentales entre une langue écrite et une langue parlée. Toutes deux concourent à un seul but: celui de la création, par des mots, d'une série d'images et d'émotions. Que le destinataire en soit un lecteur ou un auditeur, la cause reste la même et l'effet à peu près semblable. La mémoire aidant, les conséquences ultimes : plaisir, satisfactions, émotions diverses sont absolument semblables. La seule différence appartient aux moyens techniques de l'écriture. Et cette différence existe et existera toujours entre l'écriture faite pour être lue et l'autre, celle qui est destinée à des acteurs pour interprétation sur une scène. »

Et Thériault d'ajouter :

« Le théâtre a trois moyens à sa disposition : la parole, le geste, le décor. La radio n'a qu'un seul moyen : le son. »

Le son, c'est-à-dire *la vibration,* c'est-à-dire, *l'oreille:*

« Aucune couleur, aucun mouvement, aucun décor. Tout doit être suggéré, tout doit créer, depuis le haut-parleur de votre appareil, une image sonore que vous reconnaîtrez, qui vous plaira, qui vous transportera où il est de son devoir de vous transporter. »

Pour y arriver, créer un véritable *train de vibrations* en employant « cette extrême vérité du rythme de la phrase, ou alors tout dépouiller à un point tel que l'effet est obtenu par l'absence même des mots ou presque ». Autrement dit, faire de la radio un art exclusif par rapport à l'originalité du médium.

Malheureusement pour moi, CKLM n'était pas du tout de ce bord-là des choses quand j'y fus embauché comme scripteur publicitaire. Mon patron était un vieux restant de débauché qui se croyait révolutionnaire parce qu'il mettait soi-disant plein de mots cochons dans les réclames qu'il rédigeait. Ainsi, les parcs de voitures neuves étaient toujours *vierges* de chars usagés, on *jouissait* rien qu'à prendre le volant d'une Pontiac puisque même le cuir des banquettes *avait la chaleur d'une cuisse nue de femme*. Pour un peu, on aurait pris *le rut* plutôt que la route! À *la décharge* du brave monsieur Antoons, je dois toutefois ajouter que les oiseaux du rêve volaient plutôt bas à CKLM: le comédien Roger Lebel y animait une émission dite de lignes ouvertes et je devais le pourvoir de textes antiféministes afin d'exciter des auditrices bien trop tranquilles au goût du propriétaire, le misogyne Guy D'Arcy. Je n'étais pas très fier des énormités que j'écrivais pour Roger Lebel même si elles étaient publiées dans *Le miroir du Québec*, cet éphémère journal fondé par Jean Duceppe, qui animait lui aussi une émission à CKLM. Duceppe faisait également dans le théâtre d'été à Notre-Dame-des-Prairies, près de Joliette. Le théâtre devant célébrer en grand le dixième anniversaire de sa fondation, Duceppe me proposa de travailler avec lui. Comme je m'ennuyais pour mourir à CKLM, j'acceptai: même le théâtre de boulevard ne pouvait pas être aussi déliquescent que l'écriture d'une campagne publicitaire sur l'ouverture des crèmeries de la chaîne *Roby Milk Bar*! Ouverture que j'avais marquée à ma façon, dérisoirement, par des poèmes en alexandrins!

Je passai de bons moments au *Théâtre des Prairies* de Joliette. Pour quelqu'un comme moi qui n'avais même pas encore l'âge de conduire une voiture, vivre aux côtés de Jean Duceppe était fascinant à cause de toute l'énergie qu'il était capable de dépenser comme si de rien n'était. J'appréciais particulièrement de prendre la route avec lui, dans cette énorme station-wagon qui nous emmena aux quatre coins du Québec. Duceppe faisait également dans le théâtre de tournée et tenait à rencontrer lui-même les propriétaires des salles dans lesquelles il comptait faire jouer ses pièces. S'il tenait tant à ce que je l'accompagne, c'est qu'il lui arrivait de s'endormir au volant, conséquence du diabète dont il était déjà atteint.

— Parle-moi, me disait-il. Sinon, nous risquons de prendre le clos sans même que je m'en rende compte.

N'ayant pas grand-chose à dire sur moi-même qui aurait pu tenir éveillé Jean Duceppe, je lui posais plutôt des questions, pas toujours très pertinentes, sur sa vie et sur sa carrière. J'en appris ainsi beaucoup sur les comédiens, l'art dramatique, le monde du roman radiophonique et celui des feuilletons télévisés. Même si j'étais à mille milles de m'imaginer que j'en écrirais moi-même un jour, j'étais pareil à une éponge car Duceppe était un fameux conteur quand il s'y mettait.

Il était normal qu'un jour nous en arrivions à Yves Thériault. Duceppe n'arrivant pas à choisir la pièce grâce à laquelle il voulait célébrer en grand le dixième anniversaire de la fondation du *Théâtre des Prairies*, il me donna à lire plusieurs textes en me demandant de lui donner mon opinion. Je m'entendais assez mal avec ce que pouvaient écrire Noël Coward, Jean Anouilh ou bien Marcel Jouhandeau. Quand tu lis Kafka, Beckett et Boris Vian, le vaudeville ne nourrit pas grand-chose. Après vingt pages, les textes que j'avais à analyser me tombaient des mains: quelle indigence chez tous ces auteurs français et américains dont le théâtre d'été faisait ses choux gras! N'importe quelle pièce québécoise ne vaudrait-elle pas mieux?

Je me souvins alors d'une photo que j'avais vue dans les archives du *Théâtre des Prairies*. Elle avait été prise en 1950, le jour de la première du *Marcheur*, la seule pièce d'Yves Thériault à avoir été représentée. Ça s'était passé au *Gesù*, avec Robert Rivard et Jean Duceppe dans les rôles principaux. Sachant que je ne convaincrais pas Duceppe par une simple suggestion, je réussis à me procurer un exemplaire photocopié du *Marcheur* et plusieurs coupures de presse, toutes grandement élogieuses. Assis sur le bord de la rivière L'Assomption, entouré par les marguerites sauvages, je me mis donc à lire une pièce toute simple qui correspondait fort bien à l'idée que Thériault se faisait du théâtre:

«J'aime dans une pièce une action directe, intense, comportant peu de personnages, soumise à l'unité du temps et à l'unité de lieu. Ce que j'ai écrit de théâtre, pour la scène ou pour la télévision et la radio, était en grande partie ainsi construit. Est-ce une formule?... J'en douterais; c'est surtout le moyen qui s'accorde le mieux à ma façon personnelle de raconter. Conteur d'abord, qui raconte un roman, et qui aperçoit le théâtre comme un prolongement du conte, à cette différence près que les personnages expriment eux-mêmes l'action du récit. Les «moyens» du théâtre sont à mon sens assez peu compliqués, pourvu que l'on transpose visuellement ce qui ne s'exprimerait autrement que par des mots. Je veux dire que la narration, dans un conte écrit ou dans un roman, sert avant tout à décrire les gestes, les mouvements, les déplacements, la marche du temps et l'évolution des lieux. Or, une très grande partie de cette écriture peut être exprimée au théâtre par l'action scénique, les mouvements, les entrées et les sorties, le décor, les gestes, et le mécanisme théâtral s'il y a lieu.

« Tout le reste, l'histoire même, ce récit qui doit se dérouler de façon intelligible et captivante pour le spectateur, c'est à travers l'équivalent du dialogue dans un roman ou dans un conte qu'il le faut transposer. Une pièce devient donc relativement facile à écrire, et si je n'ai pas opté carrément pour le théâtre, un domaine où je me sentais bien à l'aise, c'est que j'y suis venu d'abord — je parle du théâtre pur, dit scénique — à un moment où l'on exigeait de ses auteurs qu'ils y perdent leur chemise et leur peau. »

Le marcheur fut d'abord un conte radiophonique qu'Yves Thériault adapta pour la scène et qu'il décida de monter lui-même sur la scène du *Gesù* en se faisant aider par sa famille pour y arriver: son beau-frère, le chansonnier Jacques Blanchet, dessina le décor, que construisit le père de Thériault. Pour la vente des billets, l'auteur, qui se souvenait de ses débuts à New-Carlisle, imagina tout un stratagème. Dans son *Yves Thériault se raconte*, André Carpentier nous donne là-dessus ceci à lire:

« À ce moment-là, dit Thériault, je misais sur mon nom qui commençait à prendre une certaine dimension. Je venais de publier *La fille laide*, j'avais déjà publié les

Contes pour un homme seul et j'avais beaucoup de textes radiophoniques derrière moi. Le truc, c'était qu'on se faisait une liste de noms pris dans le bottin téléphonique et qu'on essayait de vendre des billets aux gens qui, par l'adresse et le nom, avaient l'air d'être de la classe bourgeoise: médecins, avocats, notaires. La vendeuse leur téléphonait, leur parlait de la pièce et leur offrait deux billets qu'on leur envoyait C.O.D. (contre remboursement). La personne n'avait donc pas à descendre en ville et venir acheter ses billets à l'avance. Elle les recevait chez elle quinze jours d'avance. Nous, ça nous faisait du *cash* immédiatement. On a vendu, de cette façon, assez de billets pour remplir la salle les trois premiers soirs. Les billets ne se vendaient pas très cher à l'époque. On pouvait avoir un billet pour trois dollars, je pense.

«Après les trois premiers soirs, il y a eu vingt personnes dans la salle. Oh! ça, c'était moins drôle. Le mercredi, je crois qu'il y en avait quarante. De soir en soir, ça s'est mis à monter, à monter, à monter. Le samedi, on a dû refuser du monde. Le dimanche soir, même chose. Le lundi, il fallait libérer le *Gesù*. C'était dommage.»

Dommage parce que Thériault fut dans l'impossibilité de trouver une autre salle afin d'y continuer les représentations du *Marcheur*. N'ayant pas non plus les cinq mille dollars pour payer les comptes qu'il devait, il dut faire faillite, ce qui le détourna définitivement du théâtre. Pourtant, *Le marcheur* méritait mieux. Ne serait-ce que par la note très détaillée du décor proposé, on comprend tout de suite que Thériault sait enfin où il s'en va. Je ne peux pas résister à la tentation de la reproduire intégralement ici parce qu'elle me paraît déjà circonscrire cette description pour ainsi dire clinicienne des choses qui a été la grande affaire de ce qu'on a appelé le *nouveau roman français* — cette précision plutôt rare dans le monde du théâtre québécois des années cinquante:

«La scène se passe dans une cuisine paysanne d'époque contemporaine. Sur le plan de droite, un âtre de pierre flanqué de deux chaises rustiques, devant lequel il y a un banc. Sur le plan du fond et près du coin de droite, une porte donnant vers l'extérieur, en planches épaisses bardées de bois de boulonne, pentures de fer noir. Près de cette porte et en allant vers la gauche, une fenêtre à volets, de type français. Entre la fenêtre et la porte, une tablette où se trouve une ancienne horloge à carillon. Dans le coin de gauche de ce même pan, un escalier allant à l'étage. C'est un escalier simple, à marches étroites, à montée raide. Sous l'escalier, une tablette à hauteur de table où se trouvent la pompe et un seau de bois: sous cette tablette, un autre seau pour l'égout. Une longue armoire, haute jusqu'au plafond, occupe la partie arrière du pan gauche. À côté de cette armoire, une porte donnant sur la chambre du bas. Une draperie à fleurs voyantes dans cette embrasure. Devant l'armoire et placée sur le long de la scène, une table rude à banc, basse. Une lampe est posée au centre de la table. Une autre près du mur du fond: le parquet est nu, les murs sont en planches, avec baguette sur les joints. Comme décoration aux murs, un crucifix d'un côté de l'horloge et une gerbe de palmes bénites de l'autre, un miroir. Sur la tablette de l'horloge, des objets disparates, du papier à écrire, une pelote à épingles, des crayons, une bouteille d'encre, un étui à lunettes. Il y a un fusil à plombs accroché au-dessus de l'âtre. Sur le mur de l'escalier, tache de soupe grasse. L'horloge marque 10 h 30.»

Il s'agit là de l'une des très belles plantations de décor que je connaisse. On dirait que toute la mise en scène et que tout ce que vont vivre les personnages de la pièce s'y retrouvent déjà, dans cette description des accessoires et de la place qu'ils doivent occuper. Quant aux personnages, qui sont-ils et pourquoi sont-ils là? Et le titre même de la pièce, *Le marcheur*, que signifie-t-il?

En quelque sorte, c'est là le surnom qu'on a donné au patriarche de la famille, ce père qui, sentant sa fin prochaine, s'est claquemuré dans sa chambre à l'étage et refuse de voir aussi bien sa femme que ses enfants. Il ne fait plus que marcher lourdement en attendant sa mort. Tout le temps que dure la pièce, il ne bougera pas de son antre, laissant à sa femme et à ses enfants la responsabilité d'instruire son procès et de le juger. Outre la mère, quatre enfants sont impliqués, trois garçons et une fille: Jérôme, l'aîné, que Thériault décrit comme *cauteleux, hypocrite et habile*; Damien, un jeune homme *impulsif, nerveux et intense*; le petit qui a quinze ans et *est arriéré, souffrant d'infantilisme*, et Valérie née après Jérôme et Damien. La pièce s'ouvre sur les confidences que la mère fait à Jérôme en attendant que Damien et Valérie se présentent à la maison. Parce que le père, dénommé Victor, marche dans sa chambre, la mère dit:

«Il a toujours marché. Il a vécu comme ça, le cou tendu en avant, à tirer, à haler de la vie. Il s'en est allé de l'avant comme une bête de somme qui tire sans demander ni le temps du jour ni le mois de l'année… Alors, il meurt comme il a vécu. Il meurt en orgueil… C'est de la peur au fond.»

Cette peur-là, la mère la connaît très bien puisqu'elle-même l'a vécue depuis son mariage avec Victor:

«Moi, je suis venue à lui, le soir des noces, sans rien connaître d'autre que les gestes bien simples, puisque chaque jour, je les voyais s'accomplir autour de moi, dans les pâturages, à l'étable, dans la basse-cour et que cela était des gestes de vie dont il ne fallait pas rire. J'entendais tous les cris, les meuglements, les jappements brefs, ou encore le caquetage effaré. Cela était le son… Je sentais que, pour moi, étant femme, cela se ferait avec des sons doux, des mots tendres, des gémissements d'aise. Au lieu, ce fut un acte violent, où je donnais tout sans rien recevoir.»

Cette première blessure n'a jamais pu guérir, les enfants venus au monde ne faisant même que l'élargir. Pour ne pas sombrer dedans, la mère s'est enfermée dans le silence et la sécheresse de cœur. Ce sont les deux premiers fils qui en ont pâti le plus, pris qu'ils étaient entre cette mère qui ne pleurait jamais et ce père qui les haïssait parce qu'il ne reconnaissait ni sa force ni son orgueil en eux.

On voit déjà où cela va mener: Jérôme ne peut devenir qu'une manière de Caïn fourbe, rusé et velléitaire, et entreprendre contre Damien-Abel la guerre profane des frères ennemis, comme dans *Un simple soldat* de Marcel Dubé alors que Joseph et Armand luttent férocement l'un contre l'autre, le père cherchant à imposer sa loi mais ne réussissant qu'à faire empirer les choses. Dans *Le marcheur*, le père met Jérôme à la porte même si celui-ci ne demanderait pas mieux que de lui être asservi, ne serait-ce que pour rester avec sa mère, seule femme qu'il aimera jamais. Quant à Damien, comment pourrait-il plaire à son père? S'il a du caractère, il n'en est pas moins malingre de corps; ça le déconsidère à jamais aux yeux de son géniteur qui met la puissance physique au-dessus de tout. Aussi Damien sera-t-il fouetté et battu tant qu'il ne quittera pas la maison à son tour. Malgré leurs désirs, les deux frères ne trouveront jamais à être heureux en dehors du *nouma* familial: Damien tournera en rond sur lui-même et Jérôme se fera homosexuel, ce qui, en 1950, était peu fréquent dans notre littérature, aussi bien théâtrale que radiophonique. Seule Valérie s'en sortira. Chassée de la maison pour avoir fait l'amour sans être mariée, et considérée par la mère et le père comme une fille perdue, elle épouse toutefois l'homme qu'elle aime, met au monde des enfants normaux et est heureuse. Elle seule a su recréer le *nouma* familial parce que femme d'abord. Pour les fils, aucun héritage possible, le père et la mère ayant refusé de leur en assurer un. En quelque sorte, les fils sont des bâtards au même titre que le Tit-Coq de Gratien Gélinas.

À lire la pièce d'Yves Thériault, je passai une belle journée sur les bords de la rivière L'Assomption, entouré par les marguerites sauvages. Quand Jean Duceppe arriva en fin de journée au *Théâtre des Prairies*, j'avais hâte de lui parler de ma découverte. Si je ne le fis pas dès que je le vis descendre de sa voiture, c'est qu'il ne m'en laissa pas le temps. Comme ça lui arrivait parfois quand le diabète le faisait trop souffrir, il piqua une énorme colère pour une simple affiche tombée par terre devant le théâtre. Après avoir engueulé tout le monde, il se dirigea vers le petit restaurant que tenait Roger Dumas, un dramaturge dont personne ne voulait monter les pièces. Dumas était aussi homosexuel, ce que le macho en Duceppe n'appréciait pas du tout. Devant des clients médusés, Duceppe enguirlanda sans raison le pauvre Dumas qui, j'imagine, doit se demander encore aujourd'hui ce qu'il avait bien pu faire pour subir ainsi une telle raclée verbale. Sa désobligeante tirade terminée, Duceppe alla s'asseoir à l'écart sous un arbre. Il me demanda de lui apporter un plein verre de cognac, ce que je ne voulais pas faire parce que sa femme m'avait prévenu qu'il ne devait pas en boire à cause de son diabète.

— Je viens de vieillir de vingt ans! clama Duceppe. Laisse faire mon diabète et apporte-moi du cognac, crisse!

Après en avoir bu deux grands verres, Duceppe retrouva son quant-à-lui et nous partîmes ensemble pour Rimouski afin d'y trouver une salle disponible pour la tournée d'automne. Alors que l'énorme station-wagon roulait entre Saint-Fabien et le Bic, je parlai à Duceppe du *Marcheur* de Thériault. Il se montra insensible à tous les arguments qui me vinrent même s'il avait gardé un bon souvenir de la pièce et du rôle qu'il jouait dedans. En plus du sujet qu'il ne trouvait pas assez léger pour le théâtre d'été, il n'avait pas vraiment le goût de travailler avec Thériault, qui, m'apprit-il, traversait une mauvaise passe, sa femme l'ayant quitté. C'était elle qui révisait tous les textes de Thériault et qui, souvent, avait joué pour lui le rôle d'agente littéraire. Sa femme en allée, l'auteur d'*Agaguk* s'était mis à boire beaucoup, ce qui, semble-t-il, ne le rendait pas particulièrement agréable dans ses rapports avec les autres. Son amertume prenait alors toute la place, défaisant les liens tressés par l'amitié — insaisissable, le loup nommé Yves Thériault se réfugiait dans sa tanière où, absolument solitaire, il accusait tout le monde de son isolement. C'était déjà le cas en 1958 quand Thériault s'adressa ainsi au Club musical et littéraire de Montréal:

« J'ai commis l'erreur de placer à un niveau, surhumain presque, certaines gens de sociétés culturelles, certains soi-disant meneurs d'opinion littéraire, de faux littérateurs, des gens qui furent poètes et sont devenus loups, d'antiques romanciers frustrés, des Casanova de l'amour livresque. J'en ai fait des êtres d'élite. Je les ai déifiés. Je les craignais même un peu tant je leur prêtais un savoir infini, une sapience de grand embrassement, une loyauté et une équité surhumaines. Et ils n'étaient que des hommes: des hommes comme moi. Des hommes qui ne pouvaient m'honorer *ad infinitum* sans mettre en danger leur position sociololittéraire, si je puis dire. »

Dans sa confession, Yves Thériault oublie délibérément de mentionner ses propres manquements à l'amitié et à la loyauté, d'abord vis-à-vis de ses éditeurs. Il en changea régulièrement tout au long de sa carrière, souvent après avoir reçu de substantielles avances pour un manuscrit ou parce que son côté enquiquineur quand il était à court d'argent finissait par lasser tous ses interlocuteurs comme je finirai par l'expérimenter moi-même quand je deviendrai éditeur.

Nous en serons bientôt là mais, en attendant, j'en termine avec mon chapitre en citant une réplique importante de la femme Méraille dans une autre pièce écrite par Thériault mais qui n'a jamais été montée, ce *Frédange* dont le thème principal est celui de la solitude. J'y reconnais encore le Thériault du début des années soixante, désenchanté, amer, aux prises avec la nuit du cœur et incapable d'en sortir :

« Se retrouver seule, ce n'est pas au ventre qu'on a la panique, dit la femme Méraille. J'avais peur du poids du ciel, moi. Je viens des terres basses et des rues étroites. Ici, c'est trop large et trop grand. On se dit, voilà la nuit, je ne verrai rien, et je n'aurai plus crainte d'être seule. Mais justement, la nuit cache le grand poids, ce grand ciel, et, s'il y a des étoiles, c'est pire, car on devine que la peur vient comme une bête qui se colle à vous. »

6

« J'étais en train de me disperser,
d'éparpiller mes énergies à des tâches
futiles qui avaient le seul mérite
de rapporter beaucoup d'argent.
Et je n'écrivais presque plus.
Il me fallait recommencer à nouveau,
à la campagne, là où sont mes racines. »

Textes et documents

En 1967, j'habitais dans un sous-sol, chez ma future belle-mère, rue Drapeau à Montréal-Nord. J'étais devenu journaliste pigiste, notamment pour *Le Petit Journal* qui m'envoyait couvrir sur le site de Terre des Hommes tous les spectacles et toutes les manifestations culturelles que le personnel régulier de l'hebdomadaire ne trouvait pas assez intéressants pour qu'on s'y déplace. Moi, j'y trouvais mon profit: avec les textes que je faisais publier dans *Le Petit Journal*, j'avais du temps devant moi pour écrire. Je ne m'en privais pas, surtout que l'acceptation de mon premier roman par Michel Beaulieu des Éditions de l'Estérel cautionnait enfin mon travail d'écrivain. Depuis que j'avais signé contrat, je ne cessais pas de noircir du papier. J'avais même participé à un concours littéraire patronné par Hachette et Larousse et j'en attendais avec impatience le résultat, le grand prix étant une bourse de séjour d'une durée de six mois en France.

Quand je reçus de chez Larousse un télégramme m'annonçant que j'étais l'heureux lauréat, je fis mes bagages et me retrouvai à Paris. Dans ma valise, j'emportais des disques de Félix Leclerc, quelques livres d'Yves Thériault et un gros pot de miel, cadeau de ma mère à l'aéroport. Dans le transport, le pot de miel se brisa, rendant inutilisables et mes disques de Félix Leclerc et mes livres d'Yves Thériault. Quelle naïveté j'avais alors, dieux de tous les ciels! Et puis, ce Paris mythique me coûtait les yeux de la tête, de sorte qu'après trois mois je me retrouvais déjà cassé comme le héros du roman de Jacques Renaud. Je payais ma petite chambre sous les combles de l'*Hôtel Gît-le-Cœur* grâce aux textes que je faisais parvenir à *La Presse* et à *La Semaine illustrée*. Je pus tenir le coup jusqu'en avril 1968, puis je rentrai à Montréal. Dans l'avion qui m'y ramenait, je lus *Les temps du carcajou* de Thériault, un roman paru en 1966 chez Robert Laffont, mais qui m'était passé sous le nez sans que je m'en rende compte. Il y avait là-dedans une violence telle que ça en devenait d'une grande beauté, en tous les cas pour moi qui l'expérimentais à ma façon dans les romans que j'écrivais alors.

Je rêvais donc de faire vraiment la connaissance de Thériault. Il ne me fallait qu'un prétexte, que je trouvai lorsque je devins le directeur du *Digeste Éclair*, une manière de *Sélection du Reader's Digest* pour lecteurs québécois exclusivement. J'en modifiai totalement la facture et le rebaptisai *Dimensions*, ce qui m'autorisait le recours à de nouveaux collaborateurs, notamment Yves Thériault. Je lui téléphonai afin de lui commander des textes, espérant qu'il me les apporterait lui-même à mon bureau. Je reçus plutôt les premiers par la poste. Je me souviens surtout de l'un d'eux qu'il écrivit dans la foulée des événements de Mai 68. Thériault y prenait la défense des manifestations étudiantes, écrivant:

« Du jour au lendemain, on a demandé à nos jeunes de changer radicalement leur vocabulaire scolaire, on a modifié les manuels, les méthodes, la disposition des locaux. On a chambardé les valeurs, on a montré de nouvelles et folles exigences en des domaines jusqu'ici mineurs, et on a laissé aller ce qui constituait précédemment les bases de l'instruction scolaire quotidienne.

« Cette jeunesse qui a vu la profondeur de l'hypocrisie des adultes, qui voit souvent ses propres parents continuer cette attitude immorale quand on songe à la marche politique et sociale du monde, qui a été scandalisée depuis quelques années par la cupidité du haut clergé, par sa politisation, par son autocratie et ne se sent plus capable de concilier l'évangélisme et cette religion qu'on prétend lui enseigner, cette jeunesse donc, faut-il se surprendre qu'elle conteste tant, remette tout en question, refuse d'entendre les mille mensonges habituels des administrateurs?

« S'il faut pendre, que ce soit nous au bout de la corde, et non la jeunesse!»

J'aimais bien quand Thériault renouait avec ce ton polémique qui avait caractérisé ses écrits à l'époque du *Nouveau Journal*, dont il fut l'un des éditorialistes. Thériault y avait repris aussi, en collaboration avec Jovette Bernier, son célèbre *Courrier pour hommes seulement*, mais en l'orientant davantage sur la critique d'une société qui, en 1962, était en ébullition: montée du nouveau nationalisme québécois, revendications syndicales, constitution de l'État-Providence, émergence de l'enseignement laïc et création d'une culture qui serait non plus complémentaire à la française mais souveraine en elle-même. Cette accélération de l'histoire québécoise, elle était aussi perceptible partout, en Occident comme en

Russie. Admirateur du René Lévesque correspondant de guerre et enviant Roger Lemelin devenu grand reporter pour les magazines *Times* et *Life*, Thériault rêvait lui aussi d'une carrière journalistique internationale.

En juillet 1961, il crut le moment enfin arrivé quand le gouvernement russe l'invita au deuxième *Festival de cinéma* de Moscou «organisé par l'URSS afin de répondre fer pour fer à certains festivals européens où les films soviétiques, et plus particulièrement les films des pays satellites de la Russie, n'avaient pas eu la meilleure presse». Thériault passera une quinzaine de jours à Moscou mais n'y verra guère de films, occupé qu'il sera à visiter la ville, à prendre contact avec ses habitants, à y interroger la pratique du communisme. De retour à Montréal, il écrira dans *Séjour à Moscou* le résultat de ses découvertes dans une série de tableaux constituant chacun un grand reportage en lui-même. Le premier mérite de Thériault dans son récit de voyage fut de remettre les pendules à l'heure juste à une époque où le syndrome de la guerre froide entre les empires russe et américain brouillait toute objectivité:

«Les peuples ne sont pas imbéciles, a écrit Thériault dans *Séjour à Moscou*. Les réalisations russes sautent aux yeux. Abstraction faite de toute idéologie, ne pourrait-on pas importer ici des méthodes, tant technologiques, sociologiques, que pédagogiques? Au lieu de creuser l'abîme entre deux mondes, chercher à aplanir ce qui les sépare?

«La masse russe contemporaine est trop considérable, trop instruite, trop renseignée, pour qu'on puisse lui faire prendre des vessies pour des lanternes. Ce temps est révolu. C'est un peuple qui progresse parce qu'il le veut, qui dominera le monde si nous n'y prenons garde, parce qu'il le désire ardemment.

« Notre plus sûr moyen de contenir cette masse, de nous protéger contre l'écrasement, c'est de lui opposer science pour science, réussite pour réussite, esprit de corps, nationalisme, fierté sociale, loyauté patriotique en forces égales. Pour ce faire, nous devrons copier les méthodes, les systèmes, les moyens russes dans ce qu'ils ont de bon. Si nous les méprisons, si nous les ignorons, pour rester esclaves de nos propres façons qui sont déficientes, alors nous périrons tout bonnement. »

C'était là le discours même du président John Kennedy quand, après avoir relancé le programme spatial américain, il proposa aux Russes un projet conjoint pour l'exploration de l'espace. « Votre technologie et la nôtre », dira-t-il aux Russes, alors très en avance sur les Américains. « Votre créativité et la nôtre, pour que le cosmos devienne l'habitation de la paix et non de la guerre. » Le souhait de Kennedy ne deviendra réalité que quarante ans plus tard quand la grande fédération des peuples slaves explosera et ruinera la Russie, ce qui l'obligera à partager avec les Américains le rêve du cosmos. Même Yves Thériault, dans son *Séjour à Moscou*, n'aurait pu prévoir un tel retournement !

Son voyage en Russie l'avait tellement émoustillé qu'il convainquit Jean-Louis Gagnon, le directeur du *Nouveau Journal*, de l'envoyer comme correspondant en Europe. L'affaire tourna cependant très vite en queue de poisson, comme Thériault lui-même l'a raconté dans ses entretiens avec André Carpentier:

«Je suis parti le 4 juin 1962, avec ma femme, mon fils, ma fille, une tonne de bagages et une voiture. On a traversé l'Atlantique sur le *Luka Botié*, un cargo yougoslave. Après environ cinq semaines et des arrêts très longs à Ancône, à Naples, à Trieste et à Venise, on a échoué à Rijeka, le 8 juillet; je suis allé chercher mon courrier à *Kuarner Express*, où j'avais fait envoyer mes choses. Et là, m'attendait un câblogramme me disant qu'avec ma tonne de bagages, ma voiture, ma femme, mes deux enfants et six cents dollars en poche, *Le Nouveau Journal* était tombé!»

Comme cela se passe souvent dans la carrière d'Yves Thériault, le rêve de la grande vie internationale cohabitant avec l'aisance financière tourne surtout en vinaigre. Après avoir vécu une dizaine de mois en Europe, y vivant d'expédients (petits contes pour la radio, textes de circonstance dans les journaux et emprunts de toutes sortes), Thériault rentrera à Montréal, aussi désabusé qu'amer. Le journaliste en lui est mort, le ressort est définitivement cassé. C'était très évident quand Thériault collabora au *Digeste Éclair*: plutôt que de me faire parvenir les reportages sur les sujets qu'il me proposait, il m'envoyait plutôt des... aphorismes! Il appelait cela ses *Pensées légères*, de tout petits bouts de texte sur toutes sortes de choses, mais principalement sur la littérature et le désenchantement qui lui venait d'elle:

«L'art d'écrire est le nom poétique d'un mal odieux qui rend un homme étranger parmi les siens.

«Quand un écrivain a appris l'art d'engraisser la pintade, il sait aussi manier la reconnaissance du ventre.

«Il faut, au Québec, à l'écrivain le talent de taquiner les muses et celui de tripoter les jurys.

«La délicatesse des sentiments, l'érudition tapageuse, les amitiés, particulières et autres, bien entretenues, font plus pour l'enrichissement matériel de l'écrivain québécois, que besogne, courage et talent.

«L'erreur des écrivains canadiens, c'est de croire qu'il leur faut écrire plus d'un livre.»

Des petites choses comme celles-là, j'en reçus à la pelletée d'Yves Thériault. Si je savais les apprécier, je n'en demeurais pas moins sur ma faim. Quand je le fis savoir à Thériault, il me menaça de mettre fin à sa collaboration puis, changeant brusquement de cap, il me proposa d'éditer un long conte qu'il était en train de terminer. Si je pouvais lui faire un chèque de trois cents dollars, il viendrait lui-même me le porter dans les vingt-quatre heures. J'étais tellement désireux de le rencontrer enfin que je lui dis oui tout de suite.

Quand j'arrivai au bureau le lendemain matin, Thériault m'y attendait déjà, tenant à la main la quarantaine de feuillets de l'un de ses plus beaux contes, *L'herbe de tendresse*. Je n'eus même pas le temps de le feuilleter parce que Thériault était parti très tôt de chez lui, qu'il n'avait pas eu le temps de manger et qu'il avait faim. Je déposai les feuillets de son conte sur mon pupitre, je lui remis son chèque de trois cents dollars et je l'emmenai à la cafétéria des Distributions Éclair. Pour une fois, Berthold Brisebois s'y trouvait, avec tout l'état-major de son empire: distributeur de journaux et de magazines, Brisebois rêvait alors de prendre de court Pierre Péladeau sur son propre terrain d'éditeur. *TV-Hebdo* étant sa vache à lait, il débaucha plusieurs journalistes de l'écurie Péladeau, dont Marcel Brouillard avec qui il avait lancé *La Semaine illustrée*, un hebdomadaire qui se voulait populaire. On y exploitait le fait dit humain, les potins artistiques, les grandes entrevues avec les vedettes du sport et la montée du sentiment indépendantiste. Ami avec Félix Leclerc, Brouillard tomba pour ainsi dire dans les bras de Thériault, lui rappelant ses débuts à la radio des Trois-Rivières, une époque si importante, toujours selon Brouillard, qu'il fallait la raconter avant que l'oubli ne tombe pour de bon dessus. En bon maquignon, Thériault n'eut pas besoin de flairer le vent pour négocier rien de moins que la publication de ses mémoires sous forme de feuilleton dans *La Semaine illustrée!*

Après deux ou trois livraisons, le feuilleton mourut de sa belle mort, Thériault l'abandonnant par manque d'intérêt. L'autobiographie n'étant décidément pas son genre, il n'aimait pas raconter sa vie et ne le fit jamais, même par personnages interposés dans ses romans. On aura beau les lire tous, on n'y trouvera presque rien de sa propre histoire, et encore, ce sera toujours par des allusions si lointaines qu'un biographe aurait bien de la peine à les utiliser afin de nous faire savoir sa connaissance de Thériault. J'aurais bien voulu lui parler de cette singularité-là mais je n'en eus malheureusement pas l'occasion: Berthold Brisebois voulant exercer son droit de censure, après que j'eus publié un pamphlet d'Yves Michaud sur la concentration de la presse, je démissionnai de la revue *Dimensions*.

À trois semaines de mon mariage, voilà que je me retrouvais chômeur avec rien pour payer la maison de Terrebonne que je venais d'acheter. Je ne pouvais même pas m'y rendre en voiture puisque celle que je conduisais m'avait été fournie par Berthold Brisebois. Je payai trente dollars une vieille Peugeot qu'un voisin avait abandonnée dans son garage depuis des années et c'est au volant d'un bazou pareil que je fis le tour des salles de rédaction de Montréal, y proposant mes services de journaliste pigiste.

J'obtins de *La Presse* l'autorisation de mener une grande entrevue avec Yves Thériault. Je m'y préparai dans le souterrain de mon bungalow de Terrebonne en lisant surtout les romans que Thériault écrivait alors pour la jeunesse, seule partie de son œuvre que je ne connaissais pas. Il en avait pourtant déjà publié une vingtaine dont *Les aventures de Ti-Jean*, *La revanche du Nascopie* et *La montagne creuse*, des ouvrages dans lesquels Thériault s'autocensurait délibérément parce que, ainsi, il croyait obtenir plus facilement de forts tirages auprès de la clientèle scolaire. Si ses histoires étaient bien léchées, elles n'en étaient pas moins épurées de la grande violence qui bat comme un cœur déchaîné dans *Kesten*, *Les temps du carcajou* ou *Ashini*. Je dois admettre toutefois que je ne pouvais pas être un très bon juge de ce que Thériault bricolait pour les adolescents puisque, même enfant, je détestais ce genre de littérature, asexuée, prétendument pédagogique, pour ne pas dire carrément débile, comme si on avait oublié que ses contes pour enfants, Perrault les écrivait au fond en s'adressant au grand monde, tout comme Lewis Carroll d'ailleurs.

Quoi qu'il en soit, ce n'était pas pour lui parler de son œuvre pour la jeunesse que je voulais voir Yves Thériault. À la toute veille de publier mon premier roman, je ne savais de l'écriture que ce que j'avais appris dans les livres. Sans peut-être m'en rendre compte consciemment, j'avais besoin d'un interlocuteur. Pour ne pas accorder beaucoup d'attention à l'intrigue, j'avais de la difficulté à structurer une histoire et à faire venir ces rebondissements qui fascinent le lecteur tout en le désarçonnant. Mon point de vue était d'abord poétique, tourné vers l'intérieur – ces états de ce qui se passe à l'intérieur du corps, au creux de la grande blessure originelle, ce qui est toujours en deçà ou au-delà du langage, comme une musique lancinante et pleine de sonorités singulières. Mais comment sortir de l'intérieur du corps, des mots ne concernant que soi, pour habiter dans le monde des autres, ce que je trouvais que Thériault faisait de façon exemplaire ?

Lorsque j'arrivai à Saint-Denis-sur-le-Richelieu, j'eus un peu de difficulté à trouver la petite maison jaune d'Yves Thériault, un rideau de grands arbres faisant écran entre elle et la route. On était dans le plein de l'été et le soleil était de plomb, tout jaune dans le ciel, de quoi me ramener en mémoire la plus émouvante des histoires du *Vendeur d'étoiles* qui porte justement sur la couleur du ciel au temps des grandes chaleurs :

« C'était jaune, mais comme jamais vu. Jaune et avec du bleu, alors c'était presque vert, et là-dedans, un soleil intolérable. Pas de vent, ou si peu. Une brise qui n'était qu'un balancement de tout l'air dans le ciel. Une sorte de pouls, de rythme lent, comme une respiration. »

Ces mots-là du *Vendeur d'étoiles*, je les retrouvais tous en même temps en regardant le petit domaine sur lequel Thériault avait pris ses aises depuis le printemps. Il avait repeint la maison en jaune — comme la tache qu'aurait faite un grand soleil dans le paysage. Dans des pots sur la galerie, de belles fleurs odorantes. Puis, en retrait de la maison, le petit peuple des bâtiments: une grange-étable, un poulailler et une drôle de bâtisse au toit en accent circonflexe, comme ces postes à incendie qu'il y avait autrefois dans les villages. Au-delà du peuple des bâtiments, un champ défriché qui avait été labouré, hersé et ensemencé depuis peu. Au-delà encore, une belle clôture tout en perches comme celles que j'avais radoubées si souvent dans le rang Rallonge de Saint-Jean-de-Dieu. Au travers des arbustes qui venaient ensuite, le Richelieu paraissait presque vert comme dans *La couleur du ciel*. Avec quelques vallons en plus, un pont couvert et un vieil Allis Chalmer quelque part, j'aurais pu me croire reporté loin dans le temps quand ma vie tournait autour du Clos des moutons, du Coteau des épinettes et de la Petite Route qui traversait les terres basses, du rang Rallonge jusqu'au village de Saint-Jean-de-Dieu, en coupant plusieurs fois la rivière Boisbouscache.

En compagnie de son chien, Thériault varnoussait négligemment autour de ses bâtiments quand je m'approchai de lui: arborant une barbe de trois jours, il portait une chemise blanche dont les manches étaient roulées jusqu'aux coudes, ce qui mettait en valeur ses puissants avant-bras bronzés par le soleil. Un vieux pantalon dont les revers étaient roulés eux aussi jusqu'aux mollets, laissant voir des jambes fortes et musclées comme celles des joueurs de hockey. Les pieds étaient nus dans de gros souliers et les yeux cachés derrière des lunettes noires. À cause de mon retard, Thériault était bougon mais s'en excusa presque en me donnant une poignée de main si ferme qu'elle démentait ce qui essayait d'être amical dans ses paroles. Je pensai que Thériault ressemblait à l'étalon noir appelé Le Solitaire qu'il décrit si bien dans *Kesten*:

«L'être vivant éternellement emmuré, prisonnier dans ses propres enceintes, qui ne vient jamais vers l'homme; impétueux, feignant presque la docilité, mais ne s'avançant jamais pour accueillir ou reconnaître. Une bête noire, à peine domptée, aucune soumission à la caresse, et toujours ce geste des naseaux: du mépris flagrant, une sorte de dégoût exprimé de l'homme.»

C'était là un portrait qui me semblait définir parfaitement le Thériault qui m'accueillit devant la grange-étable, à côté d'un tas de gros sacs de moulée qu'il tint à remiser dans le bâtiment avant que nous commencions vraiment l'entrevue. L'air toujours aussi bougon, il empoignait des deux mains un sac de moulée, le chargeait sur son épaule et l'allait porter au pas de course dans le carré aux grains tout au fond de la grange-étable. Je me doutais bien que Thériault s'amusait ainsi à m'impressionner mais il y avait

Thériault enfant.
En bas, à gauche, Aurore Nadeau, la mère ; à droite, Alcide Thériault, le père.

Dans la fleur de l'âge, à Ottawa.

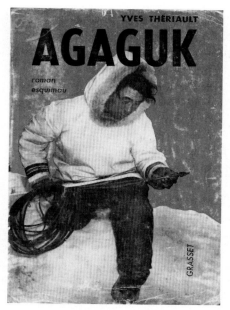

Agaguk, *version française.*

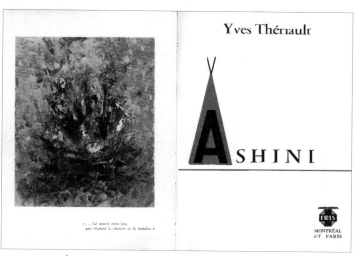

« À mon avis, il a fait mieux encore en écrivant Ashini…*»*
Intérieur de l'édition originale (1960), avec un hors-texte de Michelle Thériault.

À Saint-Denis-sur-le-Richelieu.

La maison de Saint-Denis-sur-le-Richelieu.

À l'époque de l'école Pie-IX.

Le marcheur, *avec Jean Duceppe (à droite).*

En 1958, avec Gilles Marcotte et Paul Michaud (à droite).

En pleine gloire.

Avec Gilles Vigneault, Victor-Lévy Beaulieu et Monique Mercure,
sur la scène du Plateau, en 1981.

... et fait dans la politique-fiction.

Thériault écrit pour la jeunesse…

tellement d'agressivité dans chacun de ses gestes que je me demandais plutôt quand ça deviendrait de la colère pour tout de bon — les derniers romans publiés par Thériault en étaient pleins, de cette grande colère-là; démontée, elle faisait venir le sadisme des actions, la cruauté et « ce besoin d'écraser des êtres, de les marteler et de les détruire ». En regardant Thériault manier ses gros sacs de moulée, je comprenais mieux son obsession pour tout ce qui est brutal, vindicatif et mutilatoire. C'était dans le fond même de sa nature depuis l'origine du monde.

Une telle attitude ne m'avançait pas bien gros pour mon reportage. Thériault ne paraissant pas vouloir en finir avec ses sacrés sacs de moulée, j'eus recours à Denis Plain, l'ami photographe qui m'avait accompagné à Saint-Denis-sur-le-Richelieu. Je lui demandai de prendre quelques photos en espérant que ça serait suffisant pour que Thériault se défasse de son air bougon et accepte vraiment d'être interviewé. Avec son chien qui le suivait comme son ombre, Thériault se mit à courir après les oies pataugeant dans une petite mare à proximité du drôle de bâtiment au toit en accent circonflexe. Quand il réussit à en attraper une et à la prendre dans ses bras, je vis enfin pour la première fois un sourire presque enfantin égayer son visage. Il ne venait pourtant pas de dompter le rebelle étalon noir de *Kesten* ni la grande ourse blanche d'*Agaguk*, mais une simple et jacassante bête sans malice. En remettant l'oie à terre, celle-ci lui déféqua dans la main et je pensai tout de suite que mon chien d'intervieweur venait de mourir une autre fois de sa belle mort. Thériault éclata plutôt d'un grand rire sonore puis, après s'être essuyé la main avec une poignée d'herbes, il s'appuya sur une pagée de clôture et dit, en regardant le champ défriché, labouré, hersé et ensemencé :

— Ça ressemble encore à rien mais l'an prochain, il y aura plein de légumes ici, du brocoli au chou-fleur, de la tomate aux petits pois. Dans la grange-étable, j'élèverai des faisans, des pintades et des cailles. Je gaverai des oies aussi et j'engraisserai des coqs pour leur chair. J'en aurai bien suffisamment pour ne plus avoir à demander quoi que ce soit à personne.

Pourquoi la culture maraîchère et les oiseaux de basse-cour ? Thériault me répondit que ça nécessitait tout simplement moins d'investissement que les grosses bêtes à viande et à lait, que les besoins des Québécois changeaient et qu'il entendait bien ne pas laisser passer le train sans y monter. Il ajouta que ses meilleurs souvenirs d'enfance, il les devait à son grand-oncle Cléophas, un habitant dont l'humour aurait fasciné le Louis Fréchette d'*Originaux et détraqués*. Dès l'âge de neuf ans, Thériault menait des chevaux et s'en tirait aussi bien que n'importe quel maquignon. Et puis, il y avait toute cette parenté bigarrée qui vivait à la campagne ou dans des petits villages aussi typiques que celui de Saint-Léonide : sous des dehors de grande pruderie, on y menait belle vie, même sexuelle, parce qu'on était entouré d'animaux qu'on voyait en rut ou en train d'être saillis. Il y avait aussi le grand soleil d'été, la senteur du foin coupé et ces étranges petits vents chauds, comme porteurs de sensualité :

— Quelqu'un qui a connu cette vie-là ne peut jamais l'oublier car elle vit tout le temps en soi. Je n'aurais pas écrit la moitié de mes livres si je n'avais pas connu le monde rural. Ici même à Saint-Denis-sur-le-Richelieu, c'est ce que je retrouve encore quand je vais au village. Je m'accroche toujours les pieds quelque part : chez le meunier, à la boulangerie, auprès du forgeron ou bien d'un habitant retraité. Ce qu'ils me racontent, s'agit déjà de contes en soi. Je reviens à la maison et j'ai envie tout simplement de transcrire ce que j'ai entendu.

Toujours appuyé sur la pagée de clôture, Thériault se confiait ainsi en mâchouillant la tige d'une graminée, son corps détendu — rien à défendre, sinon le plaisir qu'il éprouvait à écrire quand personne ne lui tordait le bras par nécessité d'argent. Il avait donc la tête pleine de projets, notamment un livre sur le trafic des sculptures esquimaudes. Où diable puisait-il toute son inspiration et comment arrivait-il à la mettre en mots ? Dans quel ordre procédait-il ? Laissait-il libre cours à sa mémoire qui était prodigieuse ou bien la bridait-il selon les exigences du livre à écrire ? De quoi exactement partait-il ? D'une image obsessionnelle, d'une phrase ou d'une parole entendue, d'un souvenir ou d'un simple mot ? Et quelle part le rêve éveillé jouait-il en cours de création ?

Le jeune écrivain que j'étais aurait voulu poser à Thériault des dizaines de questions de ce genre-là. Alors que nous nous dirigions vers la petite maison jaune, je n'eus pas le temps d'aller très loin dans mes interrogations car Thériault m'arrêta presque tout de suite pour me dire :

— La théorie, je laisse ça aux autres. Moi, tout ce qui m'importe, ce n'est pas comment ni pourquoi le livre se fait, mais ce qu'il donne à lire vraiment. Il suffit de savoir observer, de faire vivre dans sa mémoire les choses vues et de faire confiance à son imagination. Quand on se plante, c'est qu'on n'était pas vraiment disponible ou que le livre envisagé te devance ou tire de la patte par-dessus toi. Pour que l'écriture survienne, il faut qu'il y ait concordance entre ce que tu veux faire et ce que toi-même tu es à ce moment-là précis. Ça n'a pas grand-chose de sorcier au fond.

Une fois entrés dans la maison, nous nous sommes assis dans cet espace qui servait de bureau à Thériault — une table avec une machine à écrire dessus. À droite, une pile de feuilles blanches; à gauche, une boîte Pelikan de papier carbone. Thériault a toujours tapé ses ouvrages directement à la machine à écrire en faisant deux copies, l'une pour y inscrire ses propres corrections, l'autre pour son premier lecteur:

— Quand je m'installe devant ma machine à écrire pour travailler, j'ai déjà dans la tête toute l'histoire que je vais raconter, je sais combien de chapitres il y aura et le nombre de pages que ça donnera. Écrire, c'est donc pour moi un acte carrément physique puisque presque toute la création, je m'en suis déjà occupé avant. C'est donc de la besogne au sens premier du mot. Et de la besogne, c'est surtout harassant. Le plus rapidement je m'en sors, le mieux je me trouve.

Je profitai du fait que Thériault était réquisitionné par mon ami photographe pour jeter un coup d'œil à sa bibliothèque, une série d'étagères bancales appuyées contre un mur : quelques dictionnaires, des lexiques, des ouvrages techniques, des anthologies et plusieurs guides, mais peu de livres vraiment littéraires, ni *Moby Dick* de Melville dont Thériault s'est certainement inspiré pour écrire *Agaguk*, le capitaine Achab poursuivant la grande baleine blanche qui l'a mutilé ressemblant trop au rebelle Esquimau défiguré par l'ours polaire ; ni *Le regain*, *Que ma joie demeure* et *Le grand troupeau* de Giono, qui n'ont pas pu ne pas influencer Thériault, la parenté de ces romans-là étant trop évidente avec *Le dompteur d'ours* et *La fille laide* ; ni même *La grande peur dans la montagne* de Ramuz, pourtant son écrivain fétiche, celui par qui l'écriture lui est advenue. Je m'attendais à voir ces livres-là et plusieurs autres dans de belles éditions et en bonne place dans la bibliothèque, à côté des *Contes* de Maupassant bien en évidence sur un rayon, *Les pamphlets* de Valdombre, *Les raisins de la colère* et *À l'est d'Éden* de John Steinbeck, un auteur américain très fréquenté par le Thériault de la maturité. Quand je lui fis part de mon étonnement, la réponse ne tarda pas à venir et me fit penser à ce mot de Victor Hugo qui, interrogé sur le même sujet, avait rétorqué qu'il était comme une vache, donnant du lait mais n'en buvant pas lui-même :

— Quand j'ai divorcé, j'ai laissé une bonne partie de mes livres derrière moi. Dans les quelques déménagement qui ont suivi, j'en ai encore abandonné plusieurs, mais c'est sans remords que je l'ai fait : la bibliothèque de Babel, ça ne m'intéresse pas chez moi. Quand j'écris, c'est surtout d'informations que j'ai besoin, sur la morphologie du cheval si le cheval est le sujet de mon livre, sur le séchage de la morue si je pense à un conte sur la Gaspésie, sur la façon d'assembler un avion s'il me vient à l'idée d'en utiliser un quelque part dans mon roman. Lire làdessus nourrit ma curiosité bien davantage que ce qu'on appelle, parfois trop pompeusement pour rien, la grande littérature. Des phrases, je suis capable d'en inventer tout seul. Mon style, c'est en écrivant que je m'en suis donné un.

Avant de quitter Yves Thériault, je ne pouvais pas ne pas lui parler de la partie de son œuvre qu'il écrivait pour la jeunesse, en dépit du fait que cette littérature-là, en général, me laissait indifférent, comme je l'ai déjà dit. Quand je lui demandai pourquoi il s'y adonnait, Thériault me dit:

— J'y suis venu parce que les Éditions Beauchemin voulaient concurrencer Fides qui, grâce à Maxime et à Michelle Lenormand entre autres, obtenait beaucoup de succès avec ses ouvrages pour jeunes lecteurs. On s'est donc entendus sur le projet des *Ailes du Nord*, une série de six livres racontant les aventures d'un pilote de brousse. Après, ça a été de petits albums pour enfants, *Les contes de Ti-Jean,* puis, aujourd'hui, c'est Volpek, un personnage qui se prend en même temps pour Bob Morane et James Bond. J'aime bien cette forme-là d'écriture parce que je m'y sens absolument libre d'inventer n'importe quoi.

Ne serait-ce que pour apprivoiser un genre d'écriture pour laquelle je n'avais aucune appétence, j'aurais bien voulu partir de chez Yves Thériault avec un exemplaire de sa série Volpek. N'en ayant toutefois pas chez lui, Thériault me conseillera de m'adresser aux Éditions

Lidec. Quand je le ferai, j'aurai droit non seulement à toute la série des Volpek mais aussi au seul pot-de-vin que j'encaisserai jamais dans ma carrière de journaliste pigiste, un beau vingt dollars tout neuf dissimulé entre deux pages d'un livre. Et dire que Lidec appartenait à la congrégation des frères des Écoles chrétiennes, une communauté enseignante qui mettait pourtant l'honnêteté au-dessus de tout!

Amputé de ce que je considère aujourd'hui comme étant ses parties les plus importantes, mon texte sur Yves Thériault parut toutefois en bonne place, et très largement illustré, dans le magazine *Rotogravure* de *La Presse*. Satisfait, Thériault prit même la peine de me téléphoner pour m'en remercier, puis m'invita à lui rendre de nouveau visite quand le cœur m'en dirait. Le hasard devait arranger les choses bien autrement que ce que j'avais prévu en allant interviewer Thériault — cet interlocuteur dont j'avais besoin, cette espèce de compagnonnage que je désirais établir pour ne pas me retrouver comme abandonné dans le souterrain lugubre de mon bungalow de Terrebonne. Un beau rêve que j'avais là, mais bien fragile comme on va s'en rendre compte au chapitre suivant puisque, avec Yves Thériault, pas de vie sans heurt, pas de continuation ordinaire et pas d'extase comme évasion, ainsi qu'il l'a écrit lui-même dans *Le haut pays*.

7

« L'homme que je vois dans le miroir
tous les matins quand, à huit heures,
mon petit-déjeuner enlevé,
je viens me raser en attendant
le premier client, je n'ai jamais craint
de le regarder dans les yeux. »

Le grand roman d'un petit homme

En avril 1969, je venais donc de me marier et je n'avais plus d'emploi. Quand ma femme et moi nous rentrâmes de notre voyage de noces qui nous avait amenés à visiter tout l'est des États-Unis, l'avenir ne paraissait pas plus avenant qu'il ne faut. Ma femme me demandant comment je comptais gagner ma vie, je lui répondis simplement: «En faisant mon petit Thériault.» Ça voulait dire que j'allais écrire la nuit comme lui en buvant quelques bons verres de gros gin plutôt qu'en mâchouillant des grains de café. Ça voulait dire aussi qu'une fois le soleil levé j'enlèverais mon chapeau de romancier pour mettre ma casquette de journaliste pigiste, aussi bien pour *TV-Hebdo* que pour *La Presse*, aussi bien pour *Nouvelles illustrées* que pour *Le nouveau samedi*. Je me sentais d'attaque pour n'importe quoi, y compris le sport professionnel: si Albert Laberge avait écrit *La scouine* tout en étant chroniqueur sportif à *La Presse*, pourquoi ne serais-je pas capable d'en faire autant?

Ma femme était évidemment moins optimiste que moi. Michel Beaulieu, l'éditeur de mon premier roman, avait dû fermer ses portes quelques semaines seulement après m'avoir publié et avant que le livre ne soit vraiment sur le marché. Je n'en avais même pas d'exemplaires à donner à ma nombreuse parentèle. Découragé, Michel Beaulieu avait mis Pégase au vert, de sorte que je n'arrivais pas à récupérer le deuxième manuscrit que je lui avais confié dès mon retour de Paris. J'attachais beaucoup d'importance à *La famille du roman scié*, premier volet d'une série d'ouvrages qui allait devenir *La vraie saga des Beauchemin*, de sorte que je ne voulais pas en reporter la publication aux calendes grecques. Bien que la faillite de Michel Beaulieu me fît de la peine, je ne pouvais pas attendre qu'il trouve à se remettre en selle : *La nuitte de Malcomm Hudd* était déjà prête à paraître, *Jos Connaissant* et *Les grands-pères* le seraient aussi bientôt. Me sentant ainsi pressé par le temps, je retapai le manuscrit de *La famille du roman scié*, à partir de la seule copie non corrigée que j'avais, puis, après l'avoir révisé rapidement, je l'envoyai à Jacques Hébert aux Éditions du Jour. Pourquoi à lui plutôt qu'à un autre ? Pour la seule raison que, après avoir eu la poliomyélite, je lui avais écrit pour me plaindre de ma pauvreté et lui demander qu'il m'envoie gratuitement quelques numéros de la revue *Cité libre* et les romans publiés par sa maison. Rien de moins ! Je ne m'attendais pas à recevoir de réponse mais, à mon grand étonnement, on me livrait quelque temps après une pleine caisse d'ouvrages, toute la collection de *Cité libre* et toute celle des romanciers du Jour.

J'eus la chance d'arriver au bon moment aux Éditions du Jour : pour marquer la fin de sa saison littéraire et le déménagement des éditions dans de nouveaux bureaux, rue Saint-Denis, Hébert avait eu l'idée un peu folle de publier cinq romans dans la même semaine, au rythme d'un lancement par jour. Il en manquait un pour que le projet devienne réalité et ce fut le mien qui fut choisi. Entre l'acceptation de mon manuscrit et sa publication, il ne se passa même pas un mois! Hébert n'aimait pas le titre de mon roman, trop ducharmien à son goût. Quand j'allai lui en porter les épreuves finales, il lança un sonore *Race de monde*! Les placards lui glissèrent des mains et, tout éparpillés, se retrouvèrent par terre. *Race de monde*, c'était le patois du père Didace Beauchemin dans *Le survenant* de Germaine Guèvremont. Lui ayant déjà emprunté le nom de famille de ses personnages, je me dis que je pouvais en faire autant avec *Race de monde*, ne serait-ce que pour satisfaire Jacques Hébert.

On était alors sur l'heure de midi. Hébert m'offrit de visiter avec lui les nouveaux bureaux qu'il occuperait bientôt rue Saint-Denis et de casser ensuite la croûte en sa compagnie. On descendait la côte à Baron quand il m'offrit de devenir son adjoint. J'acceptai sans trop savoir ce que je faisais. Au dire d'Hébert, je n'aurais qu'à entrer tôt aux éditions le matin pour retrouver ma liberté en début d'après-midi. Une sinécure, quoi! Il y avait tellement de manuscrits à lire, tellement d'épreuves à réviser, tellement de textes publicitaires à rédiger, qu'après même pas une semaine j'arrivais au bureau à huit heures et n'en ressortais pas avant le soir! Mais je me considérais comme privilégié de pouvoir lire avant tout le monde un nouveau roman de Marie-Claire Blais, de Roch Carrier ou bien de Jean-Marie Poupart, sans parler de ceux de Thériault qui publiait au Jour depuis 1962. Il fut d'ailleurs le premier auteur dont je révisai les épreuves, celles d'*Antoine et sa montagne* qu'il avait proposé à Hébert pour la fameuse semaine des cinq romans. Enfermé dans le petit bureau que j'avais tout au fond des éditions, je lus et relus les épreuves: je ne valais pas grand-chose comme réviseur, je ne savais pas accorder les participes passés et, reliquat de mon enfance dyslexique, je ne faisais pas toujours la différence entre les *f* et les *v*, entre les *p* et les *t*. Ce fut sûrement à cause de tout cela si *Antoine et sa montagne* me fit une si grande impression et qu'aujourd'hui encore j'en sais presque toute l'histoire par cœur même s'il est loin de compter parmi les œuvres fondamentales de Thériault. Il en était conscient lui-même puisque, interrogé par André Carpentier sur son roman, il se contenta pour toute réponse d'un «Ah!» dérisoire.

Antoine et sa montagne n'aurait fait qu'un court conte sous la plume de n'importe quel écrivain. L'intrigue en est rudimentaire: en 1835, un fermier de Saint-Denis-sur-le-Richelieu perd brusquement tout intérêt à cultiver ses terres, traire ses vaches et aimer sa femme; il passe ses journées à rester assis dans un hangar, à regarder la petite montagne qu'il voit d'une fenêtre. Il voudrait que cette montagne-là soit à lui même s'il ne saurait rien faire avec — rien d'autre qu'un gros bloc de granit coupant l'horizontalité de la plaine, tout autant infertile qu'inhabitable. Le désir de posséder la montagne rend Antoine étranger par-devers les autres comme pour lui-même. Si le voisin acceptait de lui vendre la fameuse montagne, il ne pourrait pas l'acheter de toute façon, par manque d'argent. Ce besoin de s'approprier l'impossible, comment Antoine va-t-il le transcender? C'est ce qu'on voudrait bien que Thériault nous dise enfin mais, d'un chapitre à l'autre, tout reste comme pris dans le ciment et l'histoire tourne en rond, aussi médiocre que le héros lui-même, un gaucher il va sans dire. Ce qui sauve un peu le roman de la niaiserie absolue, ce sont les réflexions de Thériault sur la vie telle qu'elle se passait dans un petit village québécois au milieu du siècle dernier – l'hypocrisie des notables, la toute-puissance du clergé, la pauvreté des habitants, celle du corps comme celle de l'esprit.

Thériault ne resta pas très longtemps au lancement de son livre, dont il prit la peine de m'offrir un exemplaire en y signant un mot tout simple: «Au jeune copain Lévy Beaulieu». Il me remit aussi une invitation pour un autre roman de lui que les Éditions de l'Homme allaient lancer quelques jours plus tard. Rien qu'à lire le titre de ce nouvel ouvrage *(Tayaout, fils d'Agaguk)*, je fus suffisamment intrigué pour me rendre rue Amherst afin d'assister au lancement. J'y arrivai alors qu'un grand jeune homme, spécialiste en lecture rapide, achevait tout juste, en quatre minutes une seconde, de passer au travers de *Tayaout*. Il répondit sans difficulté à toutes les questions qu'on lui posa sur l'ouvrage, avec un Thériault tout bronzé à côté de lui et riant dans la barbichette qu'il avait décidé de se laisser pousser. Je n'aimai guère voir l'écriture ainsi ravalée au niveau d'un mauvais numéro de cirque seulement pour le plaisir d'amuser les médias et je me faufilai vers la sortie, un exemplaire de *Tayaout* à la main. J'allais passer la soirée à le lire dans mon souterrain de Terrebonne, puis à écrire pour *Échos-Vedettes* le petit article qui suit:

«Yves Thériault eſt l'un des seuls écrivains de sa génération qui continue d'écrire envers et malgré tout. On sait que le Québec n'eſt pas, pour l'écrivain, le pays de l'abondance: petits romans, petits leĉteurs, petits droits d'auteur, petites critiques. Il faut être bien malade pour préserver et refuser la "bonne vieille fiole" que vous offre le gouvernement, Radio-Canada ou l'adminiſtration. Thériault eſt l'un de ceux-là et il faut le saluer plutôt deux fois qu'une seule.

«Oh! je sais: trop de livres de lui ont paru cette année, dont certains n'étaient pas dignes de son rare talent. Thériault se fie trop à son imagination; il n'élague pas suffisamment; il se laisse porter par son succès qui eſt énorme; il eſt incapable de retravailler une scène, et, en ce sens-là, il n'eſt pas un artiſte. Dans *Tayaout, fils d'Agaguk* par exemple, cela eſt décelable dès les premières pages où les scènes, trop rapidement enlevées, nous laissent sur notre faim de leĉture. On se dit qu'il y aurait eu des choses inoubliables que Thériault aurait pu écrire, mais à côté desquelles il eſt un peu passé, sans doute par hâte.

«*Tayaout, fils d'Agaguk* eſt un roman qui s'inscrit dans la veine amérindienne de Thériault, avec tout ce que cela comporte comme trouvailles et redites (puisque rien de tout cela n'a vraiment changé depuis ses premiers livres). On y voit des Amérindiens aux prises avec les forces brutales de la nature et le monde des Blancs qu'ils méprisent mais dans les pièges desquels ils ne peuvent pas finalement ne pas tomber car l'argent n'a

plus odeur de nuit depuis longtemps. Tayaout est donc
le fils d'Agaguk, et comme son père avant lui l'avait
fait, l'Esquimau quitte sa tribu et s'en va, solitaire, "là
où le sel de l'eau et la force des vagues empêchent que
ne se fige l'océan polaire". Les raisons pour lesquelles
Tayaout recherche la solitude sont d'abord obscures.
L'Esquimau se sent mal dans sa peau; il regarde les autres membres de sa tribu, leur petitesse, leur ignorance
et leur absence d'avenir, et cela finit par le détruire lui-
même. C'est pour échapper à cet abrutissement qu'il s'enfuit avec ses chiens, apportant au fond de son cœur l'espoir
d'un revirement du destin. Revirement qui se produit
quand il trouve la "stéatite", cette pierre ancienne "qu'autrefois les Inuit formaient patiemment en lampes immortelles". Cette pierre, Tayaout croit qu'elle redonnera aux
siens ce courage qu'ils n'ont plus. Hélas! c'est Agaguk
lui-même qui vend la stéatite aux Blancs, de sorte que la
regénérescence est désormais impossible. Quelle est donc
la solution? "Tuer Agaguk", pense Tayaout. Et l'Esquimau abat son père d'une balle en pleine face avant d'être
lui-même dévoré par un gros ours blanc symbolisant les
forces obscures d'un Dieu vengeur.

« Voilà en quelques lignes tout le nœud de *Tayaout,
fils d'Agaguk*. L'histoire se lit facilement, le conteur
(cela se sent) étant à l'aise et parcourant des chemins
qu'il connaît bien. On peut même, en refermant le livre,
se dire qu'il s'agit là du meilleur Thériault depuis bien
des mois, celui dans lequel les corrections du style sont
les plus évidentes, certaines pages rappelant les meilleurs moments d'*Agaguk*, ce qui est tout dire.

«Il me semble que, dans le cas de Thériault, personne n'a jamais insisté sur un fait qui me paraît essentiel : quand l'écrivain décrit les Esquimaux et les Amérindiens, quand il découvre leur dégénérescence comme dans *Tayaout*, quand il pressent la fin "de la race", ne dirait-on pas qu'il parle des Canadiens français ? Ne dirait-on pas que c'est de nous qu'il est fait mention, tout se passant comme si Thériault avait recours à un symbolisme dont il n'est peut-être pas conscient pour nous toucher dans ce que nous avons d'essentiel, c'est-à-dire notre effritement en tant que collectivité, notre dégénérescence et notre besoin d'un sauveur inexistant, ce qui pourrait bien nous pousser à une révolte inutile, les dieux de notre destin ne voulant plus de nous qui aurions été trop loin dans l'avilissement ? Les archétypes romanesques auxquels Thériault fait appel dans son dernier roman nous ressemblent trop pour qu'ils ne s'adressent qu'aux Amérindiens, et c'est par cela que Tayaout est beaucoup plus fils de Québec que celui d'Agaguk. Cela voudrait-il dire qu'il nous faudra être dévorés par "l'ours blanc", autre symbole ambigu de la pureté malicieuse de l'Anglo-Saxon ?

«Peut-être me suis-je laissé emporter par mon rêve et *Tayaout, fils d'Agaguk* ne serait alors qu'une des très bonnes histoires d'Yves Thériault, ce qui serait déjà suffisant pour qu'on le lise.»

Quand j'allai porter le lendemain mon petit article au directeur d'*Échos-Vedettes*, j'étais loin de me douter qu'il rendrait Yves Thériault à ce point furieux qu'il viendrait me le dire en personne aux Éditions du Jour, survenant en coup de vent dans le bureau de Jacques Hébert, et m'engueulant en sa présence comme poisson pourri. Thériault avait un verre dans le nez et fulminait, aussi déchaîné que le capitaine fou dans *Les temps du carcajou*: pour avoir écrit ce que j'avais écrit, je n'avais non seulement rien compris à *Tayaout*, mais aussi à toute son œuvre. Dire que Tayaout ressemblait davantage au Québécois moyen qu'à l'Amérindien, c'était nier les origines malécites de Thériault et tout le côté archétypal d'*Agaguk*, d'*Ashini* et de *N'Tsuk*, c'était admettre que la seule vérité bonne à dire ne pouvait être que blanche.

— Je me suis trompé sur toi! clama encore Thériault. Trop c'est trop: mon amitié, tu peux bien te la mettre là où je pense maintenant parce que c'est fini pour moi! Et crois-moi, je ne suis pas du genre à revenir sur mes paroles!

Et Thériault de repartir en coup de vent comme il était arrivé, me laissant absolument sidéré devant un Jacques Hébert qui n'avait pas compris grand-chose à ce qui venait de se passer. Quand je lui expliquai le pourquoi de la grande fâcherie de Thériault, Hébert me dit simplement que je n'avais pas choisi mon moment pour le critiquer négativement: ses affaires n'allaient pas très bien à Saint-Denis-sur-le-Richelieu, la ferme rendant moins qu'elle ne coûtait; les légumes y poussaient mal et les volailles exotiques n'intéressaient pas grand-monde. Du côté de l'écriture, ce n'était guère plus reluisant car, pour sauver Saint-Denis-sur-le-Richelieu, Thériault devait écrire rapidement. Sa femme n'étant plus là pour réviser en profondeur ses manuscrits, ceux-ci paraissaient bâclés, et d'autant plus que Thériault allait d'un éditeur à l'autre en n'exigeant jamais que deux choses : être payé et être publié sur-le-champ. Les manuscrits n'étaient corrigés que pour la forme. Dans certains cas, ils ne passaient même pas par un correcteur d'épreuves. De 1969 à 1975, Thériault fit des affaires avec pas moins de neuf éditeurs : Le Jour, Lidec, Leméac, l'Homme, l'Actuelle, Paulines, René Ferron, les Quinze et Stanké, de quoi comprendre qu'il n'était vraiment chez lui nulle part et que certains de ses livres publiés alors furent oubliés aussi rapidement qu'ils avaient été écrits et édités.

Sur le conseil de Jacques Hébert, j'essayai de rejoindre Thériault afin de m'excuser auprès de lui. Après quelques vaines tentatives, j'abandonnai la partie. Malgré le respect que j'avais toujours pour Thériault, je comprenais maintenant que je ne serais jamais pour lui un interlocuteur valable, pas plus comme ami qu'en tant qu'éditeur. Si je me fâchais moi-même parfois, je n'entretenais pas la rancœur, jugeant que la vie se vivait trop courte pour la passer toute dans la frustration. Je regrettai simplement qu'à cause de sa fâcherie contre moi Thériault ne revînt plus guère chez Jacques Hébert. Pendant les cinq ans que j'y serai, on n'y publiera qu'un seul ouvrage de lui, *La rose de pierre*, une dizaine de nouvelles d'abord écrites pour les revues *Châtelaine* et *Maclean*. Certaines n'étaient que de simples variations de celles qu'on retrouve dans les *Contes pour un homme seul*. Par exemple, *La tulipe bleue* ressemble à s'y méprendre à *La fleur qui faisait un son*, les noms seuls des personnages ayant été changés, de même que le village où l'action se passe. Hébert m'ayant fait lire le manuscrit après que Thériault le lui ait apporté directement, preuve qu'il m'en voulait toujours, j'aurais voulu que *La tulipe noire* soit éliminée du recueil. Quand je le suggérai à Hébert, il me dit:

— Thériault ne va pas très bien ces temps-ci. Ce n'est vraiment pas le moment pour le contrarier. Ses péchés, j'aime autant qu'il les fasse de temps en temps chez nous plutôt que toujours ailleurs. Étant donné que ses livres se vendent bien dans notre club, pourquoi risquer d'en priver nos lecteurs qui, de toute façon, n'ont probablement jamais lu les *Contes pour un homme seul*?

L'ouvrage fut donc publié tel quel, ce qui n'empêcha pas Thériault de faire la cour à tous les éditeurs de Montréal, mais plus à Jacques Hébert.

En 1973, je quittais les Éditions du Jour pour ouvrir boutique à l'enseigne de l'Aurore. La maison fit faillite avant même de fêter le deuxième anniversaire de sa fondation. Loin d'être découragé, je lançai VLB Éditeur après avoir établi mes quartiers généraux dans le souterrain d'un ancien chalet que j'avais acheté à Montréal-Nord, en face de la rivière des Prairies. Grâce aux cachets que je recevais de Radio-Canada pour mon téléroman *Race de monde*, j'arrivais à payer mes dettes chez les imprimeurs et les droits que je devais à mes auteurs. Ça me permettait aussi de publier qui je voulais, juste pour le plaisir de l'ouvrage bien fait, de préférence dans une belle typographie et sur du beau papier. Ce côté soigneux de la maison d'édition attirait beaucoup de jeunes auteurs mais peu d'écrivains jouissant déjà d'une solide réputation. En fait, le premier qui me téléphona fut nul autre qu'Yves Thériault. Il me demandait d'aller le voir à Rawdon où il habitait maintenant. Quand je lui demandai pourquoi je devrais lui rendre visite, il me répondit plutôt évasivement:

— Viens d'abord. Tu verras bien.

Je n'étais pas très chaud pour monter ainsi dans ma machine afin de me rendre à Rawdon, et j'avais trois bonnes raisons pour ne pas le faire: Thériault ne m'avait pas donné signe de vie depuis déjà dix ans et dans les entrevues qu'il accordait aux médias, il se disait heureux avec Stanké comme éditeur, une bonne partie de son œuvre y étant déjà publiée en format poche, ce qui avait relancé sa carrière et permis la publication de *La quête de l'ourse*, une saga que l'éditeur Paul Michaud, par dépit et par vengeance, avait rangée au fond de son grenier vingt ans plus tôt. Quant à la troisième raison que j'avais de rester sur mon quant-à-moi, elle n'avait aucun rapport avec Thériault puisqu'elle ne concernait que moi-même. J'étais alors en convalescence, à cause d'un ulcère au duodénum qui s'était perforé tandis que je m'en revenais du Salon du livre de l'Outaouais, dans la dernière tempête de l'hiver et après avoir manqué d'essence quelque part sur la route: une nuit d'horreur! Et tout ce sang qui coulait de moi sans que je puisse faire quoi que ce soit pour juguler l'hémorragie! De quoi comprendre que j'aie eu besoin d'un repos de six semaines pour m'en remettre: j'étais si faible que je devais dormir dans le salon du rez-de-chaussée parce que les douze marches qui menaient à ma chambre, je mettais une demi-heure à les monter, avec le cœur qui voulait me sortir de la poitrine à cause de l'effort.

Mais j'avais toujours Thériault au bout du fil et il insista si bien pour me voir que je lui donnai rendez-vous pour le lendemain, mais dans mon souterrain de Montréal-Nord plutôt qu'à Rawdon. En attendant qu'il se présente à la maison, je pris quelques-uns de ses livres dans ma bibliothèque, je m'allongeai sur le sofa dans le salon et me mis à relire *L'appelante* et *Les temps du carcajou,* histoire de retrouver une écriture que je n'avais plus beaucoup fréquentée depuis dix ans. Les deux romans de Thériault allaient-ils me tomber des mains après autant de silence entre lui et moi? Je n'en savais rien, d'où ma fébrilité quand je me mis à les relire. On était en avril 1980, il faisait un temps de cochon sur Montréal-Nord – du vent à écorner les bœufs, de la mauvaise neige mouillassante, un printemps triste comme la vie quand elle essaie de se refaire une santé.

8

«Chienne de vie!
et dire que je l'avais domptée.»

L'appelante

Quand le petit matin vint, j'étais toujours évaché sur mon sofa mais j'avais passé au travers de *L'appelante* et des *Temps du carcajou*, deux romans que Thériault écrivit dans le début des années soixante alors qu'il était dans toute la force de son âge. Un lien unit les deux romans, celui d'une vengeance qu'on ne peut assouvir que par une violence plus grande encore que celle dont on a été la victime. Dès son entrée en littérature, Thériault avait démontré que ce thème-là l'obsédait, plusieurs de ses personnages éprouvant brusquement le besoin de faire couler le sang, de flageller et de mutiler, aussi bien les bêtes que les hommes. Mais la violence s'arrêtait toujours sur ce seuil au-delà duquel tout devient intolérable parce que démesuré. Dans *L'appelante* et *Les temps du carcajou*, il n'y a plus ni bien ni mal et plus aucune retenue : la cruauté est extrême et l'horreur abyssale.

Dans *L'appelante*, le personnage principal est un aveugle qui a besoin d'une canne pour se déplacer. Son infirmité l'ayant rendu mauvais, il en joue comme d'une arme souveraine, l'abattant systématiquement sur tout ce qui bouge autour de lui. Symboliquement, elle remplace le phallus que le pauvre Henri a perdu en même temps que ses yeux : aucun désir de femme ne vient jamais le visiter, aucune sève ne descend plus dans son sexe pour le rendre turgescent. Même quand Henri essaie de se masturber, ça reste tout mou entre ses jambes et sans plaisir possible. C'est donc avec sa canne qu'il prend sa revanche sur le monde; elle est devenue ce sexe qu'il a perdu, toujours bandée et toujours prête à frapper. Dans cette pinède où Henri se réfugie pour mieux nourrir sa haine contre l'humanité, il bute sur un couple d'amoureux, ce qui le rend si furieux qu'il en défigure à jamais la jeune femme dont les cris de jouissance l'ont rendu fou. Cette jeune femme-là s'appelle Lizette. Rendue infirme par l'aveugle, elle deviendra elle-même une démone pour mieux se venger. Quand elle épouse Henri, ce n'est pas dans l'intention de l'aimer mais afin de lui rendre la monnaie de sa pièce en le martyrisant avec la canne qu'elle s'est fait fabriquer dans un bois très fin:

« — Je vais voir à ce qu'à chaque instant de ta vie, tu te souviennes de m'avoir défigurée sauvagement alors que je ne te connaissais même pas et que je n'avais rien fait! dit la démone à l'aveugle avant de lui asséner un cinglant premier coup de canne sans même essuyer le sang qui gicla du visage jusque sur la veste d'Henri. »

L'assouvissement de la vengeance de Lizette, il n'est encore pas grand-chose si on le compare à celui du capitaine Bruno Juchereau dans *Les temps du carcajou*, l'un des très bons romans de Thériault, sans doute parce que le Saint-Laurent, l'estuaire, la Gaspésie, l'Ungava et la Côte-Nord en forment l'armature, pour ne pas dire le personnage principal lui-même. Tout y est sans mesure, la grandeur du paysage comme l'immensité du ciel:

« Il y a du froid dans cet Ungava et sur cette Côte-Nord que même les chiens ne peuvent endurer. Il y a des chaleurs de juillet qui sont une écrasante chape de plomb sur les bêtes et les gens. Il y a des loups pour janvier, des caribous affolés par le rut pour mai, des moustiques par milliards pour juillet, des vents énormes pour octobre. De mois en mois, et de saison en saison, un plan maître, une codification de toute la fureur de la nature. »

Il y a la mer aussi, qui gouverne les marins bien davantage que ceux-ci ne la maîtrisent, la mer parfois noire, ou moirée parce que étale, puis la mer rythmée, jusant, lames longues et souples, puis devenant vagues rêches et brisantes avec le vent rafalant, puis tempête déchaînée et naufrage.

Voilà tout l'univers du capitaine Bruno Juchereau, mal aimé déjà dès sa petite enfance. C'est un orphelin qui a fugué alors qu'il n'avait pas encore douze ans, montant sur cette première goélette et se laissant débaucher par un marin vicieux dans l'espoir de devenir homme plus rapidement. Quand ça sera le cas, Juchereau prouvera avec ses poings qu'il est désormais inattaquable. Ainsi qu'il le dit lui-même :

« Se savoir fort et s'attribuer de la puissance. Se croire assez puissant pour défier les ordres établis, quand on doit, pour perpétuer le mythe en soi, donner sa force jusqu'à épuisement. La voilà, la vraie condition humaine. »

Propriétaire d'une goélette de transport appelée *L'étoile de Natashquouane*, Juchereau voyage de Montréal au Labrador, de Sept-Îles à la Pointe-aux-Maisons avec «pour seul trajet de vie le Saint-Laurent large et profond, et le golfe aux colères imprévisibles, aux coups de chien à démâter les barques, à déraciner les rives». À Havre-Aubert, on fait cargaison de filets salés de morue et de hareng fumé; à Rivière-au-Renard, on ajoute du bois d'œuvre; à Matane, des légumes secs; à Rimouski, des pièces de fonderie puis, à l'Îsle-Verte, on comble les soutes de pommes de terre. La goélette ainsi chargée, on remonte le fleuve jusqu'à Montréal. Pendant qu'on la décharge de tout ce qu'elle contient, le capitaine Juchereau rend visite à la belle Annette qu'il aime sauvagement et qu'il rêve d'avoir pour compagne quand la terre reprendra ses droits sur lui. Lorsqu'il surprend celle qu'il considère déjà comme sa femme en train de jouir sous le corps nu d'un autre marin, la colère de Juchereau ne dérougit plus, attisant l'idée d'une vengeance aussi démentielle que peut l'être le golfe quand la mer s'y déroute.

Le capitaine trompé recrute un équipage en équipollence avec la sourde rancœur dont il se nourrit: il y a d'abord Salvère Régis, un Iroquois «qui n'atteint à la joie du sexe que lorsqu'il tient une chevelure dans une main et un couteau dans l'autre», puis l'Italien Fanducci, un batteur de femmes; et Chavanel, le nain difforme et vicieux; et Voiron, chez qui un chancre gros comme le poing, purulent et verdâtre, déforme hideusement la bouche, le forçant à une solitude remplie de pervers fantasmes; et le Russe Kirhoff, un tueur de femmes auxquelles il coupe les seins avec un grand couteau.

Pourquoi le capitaine Juchereau amène-t-il tous ces monſtres à bord de *L'étoile de Natashquouane*? Parce qu'il a fait kidnapper la belle Annette, qu'il la garde prisonnière sur son bateau, qu'il attend d'avoir atteint le golfe pour donner libre cours à ses noirs desseins. Sur le gaillard d'avant, Annette subira les pires sévices, chacun des monſtres recrutés par Juchereau lui passant dessus; elle sera violentée, enculée et flagellée; elle devra embrasser la bouche pourrie de Voiron et boire le pus de son chancre avant d'être scalpée par le grand couteau de l'Iroquois. Pendant ce temps, Juchereau se tient à l'écart car regarder ne l'intéresse pas: sa jouissance, il l'obtient toute en entendant les cris de bête que, sous la torture, pousse la pauvre femme. Puis, le coup de chien arrive, le vent se lève, les eaux se cabrent: «Rage immédiate, circonscrite, de peu d'étendue, mais capable en sa colère verte de fracasser un navire, de l'éparpiller sur la mer en une poignée de débris.» C'eſt d'une violence telle que l'équipage abandonne Annette: si on ne sauve pas *L'étoile de Natashquouane*, tout le monde à bord va périr. Juchereau n'en a cure. Il a ameuté l'Apocalypse et celle-ci eſt enfin là, «comme un spasme, comme une sorte d'orgasme incontrôlé». Voyez la fin du roman, quand Annette apparaît sur le pont alors que, avalée par la tempête, la goélette craque de toute part:

«Elle était nue. La pluie et le vent avaient lavé toute souillure de son corps, la peau écorchée était à peine plus rose que le reſte. Le scalp lui avait laissé comme une auréole d'or rose autour de la tête. Je la voyais belle comme avant, belle comme toujours, et me suis mis à

trembler. Était-ce un cauchemar? ou la réalité magnifique? Étais-je vivant, ou déjà mort? Dans quel monde
habitions-nous?

«— Viens, dit Annette.

«Elle m'entraîna vers le large de la coque, entre
l'écoutille d'avant le gaillard. Et ainsi, sur le pont, pendant le coup de chien, comme les amoureux les plus
riches, les plus comblés du monde, nous nous sommes
aimés.»

Invraisemblables ces amours sur un pont de goélette
en train de sombrer, sucée par toutes les eaux gonflées
du golfe? Là n'est pourtant pas ce qui importe mais ce
que Thériault nous apprend sur les fantasmes qui l'habitaient tandis qu'il écrivait *Les temps du carcajou*. Il a
lui-même admis que le capitaine Bruno Juchereau était
de tous les personnages qu'il avait inventés celui qui lui
ressemblait le plus: un être floué par la vie, plutôt laid
que beau, dévoré par l'angoisse et ne s'en libérant que
grâce au recours à une sexualité exacerbée et inhu-
maine. C'était déjà le cas dans *Kesten* quand la femme
Ingrid veut s'accoupler à Dragon, le grand étalon rebelle, et c'était le cas aussi dans *L'appelante* avec cette
canne-phallus dont les coups blessent, faisant venir l'orgasme dans de grandes colères de sang. Dois-je rappeler que l'écriture de ces trois romans de Thériault,
rapprochée dans le temps, coïncide avec la fin de son
mariage et le divorce, difficile à vivre, qui a suivi?

J'en étais là, à prendre des notes sur ce que m'ins-
piraient les deux romans de Thériault que je venais
de relire, quand il arriva enfin au milieu d'une matinée

pluvieuse et triste comme un pain sans levain. Les quelques pas qu'il avait dû faire de sa voiture à ma maison l'avaient si fatigué que c'était pour lui impossible de descendre le petit escalier en colimaçon qui menait à mon souterrain. Nous nous assîmes donc à la table de la cuisine, son chauffeur déposant près de lui une énorme caisse. Et alors que les larmes lui venaient aux yeux, Thériault de me raconter la terrible maladie dont il venait de se relever, et qui lui avait paralysé la moitié du corps — il lui avait fallu réapprendre à parler, ce qu'il avait réussi en ouvrant un atelier d'écriture: lui seul derrière une table de contreplaqué montée sur deux chevalets, avec, devant lui, des aspirants écrivains qui, à cause de sa maladie, ne comprenaient pas toujours ce qu'il leur disait. Quel entêtement! Mais quel rapport avec le rendez-vous qu'il m'avait demandé? Je me doutais bien que la réponse était dans l'énorme caisse qu'il y avait à côté de lui, mais dedans, c'était quoi? Quand je le demandai à Thériault, il laissa là la description de la maladie qui l'avait frappé comme frappent les coups de chien dans le golfe Saint-Laurent, et me dit:

— Ça me vient de ma mère. Je ne savais pas qu'elle avait rapaillé beaucoup des contes que j'ai écrits, aussi bien pour les journaux que pour la radio. J'y ai jeté un coup d'œil. Me semble que ça devrait intéresser un éditeur.

— Pourquoi moi?

Cette pluvieuse matinée-là, Thériault n'avait pas le goût de jouer vraiment à cache-cache-mitoula avec moi. Il m'avoua qu'il avait proposé ses manuscrits inédits à d'autres éditeurs mais que ceux-ci, dans certains cas, avaient même refusé de les lire, ce qui l'étonnait peu : l'institution littéraire n'avait jamais été de son côté et c'était, selon lui, encore plus vrai depuis que, malade, il ne pouvait plus répondre comme avant à l'injure par l'injure. Le gouvernement du Québec ne venait-il pas de lui refuser une bourse parce qu'on croyait qu'il ne remonterait pas de sa maladie? Pour avoir été quelques années auparavant membre d'un jury dit littéraire du ministère des Affaires culturelles, je puis dire qu'une telle aberration n'était pas exceptionnelle alors : pour que Mgr Félix-Antoine Savard obtienne une subvention afin de terminer l'écriture de son autobiographie, il avait fallu qu'un collègue et moi nous nous battions à mort, les autres membres du jury ne trouvant aucun intérêt à ce que la mémoire prodigieuse du vieil écrivain ne sombre pas dans l'oubli. Plus tard, ce sera au tour de Marcel Dubé de vivre le même opprobre : lui qui n'avait presque jamais rien soutiré de l'institution littéraire, voilà qu'on voulait lui refuser la bourse qu'il demandait! L'odieux de la chose, c'est que la cabale contre Marcel Dubé était menée par l'un des plus grands dramaturges québécois contemporains!

Je pouvais donc comprendre le ressentiment de Thériault. Je lui proposai donc de me laisser à lire son énorme caisse de manuscrits et lui promis que quelques amis et moi, nous interviendrions auprès du ministre des Affaires culturelles pour qu'il reconsidère la décision du jury. Puis Thériault de s'en retourner à Rawdon tandis que moi, j'éventrai l'énorme caisse de manuscrits, m'y jetant dedans à corps perdu. Je mis deux semaines à tout lire — des centaines de contes, de nouvelles et de dramatiques écrits aussi bien pour les journaux que pour la radio. Je groupai les textes par thèmes, cherchant à voir lesquels parmi eux constituaient les originaux et lesquels ne représentaient que les avatars de ceux-ci. Le moine bénédictin en moi était fasciné — ce réseau de récurrences à identifier, plusieurs textes se répondant les uns aux autres même par-devers la distance de leur temps d'écriture. Pour vraiment tout mettre en ordre, il m'aurait fallu bien davantage que deux semaines, mais Thériault était un homme pressé, comme je l'ai déjà dit. Quelques jours seulement après sa venue chez moi, il se mit à me téléphoner. Ce fut d'abord avec aménité, puis le ton monta, surtout quand je lui demandai quelques jours de grâce. Au bout du fil, Thériault fulmina, me disant que j'étais un éditeur aussi irresponsable que tous les autres et que je cherchais à gagner du temps pour mieux lui dire non. Il ajouta:

— Je m'en vais à Montréal-Nord, je reprends ma sacrée caisse de manuscrits et on oublie toute l'affaire!

Je dus le rappeler et insister beaucoup pour qu'il m'accorde une journée de plus, journée que je passai à sélectionner définitivement les textes que je comptais éditer en six tomes: *La femme Anna* d'abord, puis *Valère et le grand canot*, puis *L'herbe de tendresse*, puis *Les chroniques de Saint-Léonide*, puis, pour les deux derniers tomes, un choix de ses dramatiques écrites pour la radio et de ses articles journalistiques. Le lendemain, j'étais plutôt fourbu lorsque Thériault se présenta chez moi,

e je ne l'avais encore jamais vu – c'est
? je lui remettrais simplement son énorme
⌐ ue manuscrits et que je lui dirais d'aller se faire
voir ailleurs. Lorsqu'il prit place devant moi à la table
de la cuisine, il fut plutôt surpris d'y voir ces grandes
chemises dans lesquelles se trouvaient les textes de lui
choisis par moi et, sur le dessus d'elles, ce contrat que
je lui proposais. Quand nous le signâmes tous les deux,
je ne sais pas qui, de l'un ou de l'autre, était le plus ému.
Dorénavant, nous allions devoir faire route ensemble
et, parce que nous nous connaissions très peu tous les
deux, nous ne pouvions savoir où nous mènerait notre
compagnonnage.

Le dimanche qui suivit la signature de ce contrat,
Jacques Ferron m'accorda audience, après la grand-
messe de onze heures, dans son cabinet de médecin de
Longueuil. Il buvait du lait, une échappée de l'hôpital
Louis-Hyppolyte-Lafontaine assise sur son bureau –
caquetante échappée d'asile que Jacques Ferron finit
par congédier. Moi, j'étais content qu'elle s'en aille
parce que je voulais faire savoir à Jacques Ferron que
Thériault était maintenant un auteur de ma petite maison d'édition. Le seul commentaire que Jacques Ferron
me fit fut celui-ci:

– Vous n'êtes évidemment pas un tueur de pères,
mon pauvre Lévy. Voilà tout.

Sur la route me ramenant à mon souterrain de
Montréal-Nord, je me demandai, bien inutilement, quel
sens je devais accorder aux paroles de celui que j'appelais l'oracle de Longueuil. Ne le trouvant pas, je laissai

la chose en suspens, me contentant d'éditer du mieux que je pouvais les ouvrages de Thériault. J'y travaillais la nuit parce que, autrement, le temps me manquait: je besognais dans ma petite maison d'édition toute la journée et le soir, ne serait-ce que pour survivre, je rédigeais un article pour *Le Devoir*, ou bien quelques pages d'un roman que j'avais en chantier, ou bien une dramatique pour la radio. J'avais promis à Thériault que pour chacun des livres que j'éditerais de lui, j'écrirais une préface. J'ai tenu parole, tout comme lui a tenu la sienne d'ailleurs: je lui avais demandé d'être de tous les salons du livre auxquels je participais en tant qu'éditeur. Thériault n'en manqua pas un même s'il devait y venir en fauteuil roulant. Quel plaisir on a eu ensemble! Et quel joueur, bien que malade, était Thériault! À chacun des salons du livre où nous nous retrouvions, nous prenions gageure: Qui, de lui ou de moi, vendrait le plus? Je n'ai gagné qu'une fois, au Salon du livre de Montréal de 1981. De Thériault, je venais d'éditer *La femme Anna* et moi, grâce à *Satan Belhumeur*, j'avais remporté le Grand Prix littéraire Molson — pour un roman décrivant le monde schizophrène d'un prophète juif montréalais. Ce que Thériault ignorait, c'est que Ben Weider et moi étions amis et que, cette année-là, lui-même tenait kiosque pour autographier son livre sur la mort de Napoléon. À cause de mon nom, on m'imaginait de descendance juive et c'est grâce à ce malentendu que, pour une fois, j'eus le dessus sur Thériault: quand il prenait les devants, j'allais faire une petite visite de courtoisie à Ben Weider et celui-ci incitait ses amis à acheter mon livre, de sorte qu'à la fin du salon je gagnai sur Thériault, mais par une mince majorité de trois. Thériault lui-même n'en revenait pas, lui qui aurait pu vendre un réfrigérateur au plus coriace Inuk. Faut dire qu'il en avait l'habitude, et bien davantage que moi: dès la première fois que je l'ai vu à l'école secondaire Pie-IX où il était venu pour faire conférence, il autographiait ses ouvrages qu'il avait apportés lui-même, la caisse sous son bras. Quand je travaillais au Jour, je me souviens que Thériault rachetait à Jacques Hébert les ouvrages abîmés de lui et qu'il les revendait au monde qui assistait à ses causeries. Quelques années avant sa mort, Thériault n'agissait pas autrement encore: la littérature ne devait pas qu'être utile, mais rentable.

Comme je ne comprenais pas toujours ce point de vue, il est arrivé parfois que Thériault et moi-même, nous eûmes du mal à nous entendre: je n'étais qu'un modeste éditeur et je ne pouvais pas toujours lui accorder ce qu'il me demandait. Alors, notre compagnonnage revolait de tous bords et de tous côtés, et ce n'était pas très drôle. Je me souviendrai toujours de cet autre Salon du livre de Montréal que j'ai vécu avec Thériault. Il avait alors de sérieux problèmes d'argent et en exigeait de moi qui n'en avais plus. Un soir, je me suis fâché et lui ai signifié – verte colère – qu'il n'avait qu'à s'en retourner chez lui à Rawdon s'il n'était pas content. Après tout, de tous les auteurs que je publiais, il était le seul à avoir droit à une chambre de l'*Hôtel Bonaventure* et à tous ses frais de séjour payés par moi! Nous nous engueulâmes comme des charretiers au téléphone avant

de raccrocher, aussi colériques l'un que l'autre. L[e]
demain, je me retrouve à cette terrasse d'un restaurant
de l'*Hôtel Bonaventure*, en train de petit-déjeuner et de
lire tranquillement mon journal en attendant que le Salon
du livre ouvre ses portes. Brusquement, on m'enlève mon
journal des mains. Redressant la tête, je vois Thériault
devant moi, debout et sans son fauteuil roulant. Et de sa
grosse voix rauque de stentor, que me dit-il?

— Si j'avais vingt ans de moins, je te casserais la
gueule!

Et moi de me lever et de dire à mon tour:

— Si vous en êtes capable, faites-le donc, monsieur
Thériault. Sinon, assoyez-vous et nous allons nous parler sans devoir grimper dans les rideaux.

Nous nous sommes donc assis et, pour la première
fois sans doute, nous avons vraiment parlé de ce que
nous étions. En fait, notre fâcherie ne tenait qu'à une
chose – cette pauvreté dont nous venions tous les deux
et dont il nous semblait impossible de sortir. Rien qu'en
à-valoir, j'avais remis douze mille dollars à Thériault
cette année-là, ce qui avait vidé toute la trésorerie de ma
petite maison d'édition. Tout comme Thériault, j'étais
au bout du rouleau, il n'y avait plus beaucoup d'espoir
nulle part. Nous avons donc fait la paix, moi compre-
nant enfin ce que Jacques Ferron m'avait dit à l'occasion
de cette audience qu'il m'avait accordée un dimanche,
après la grand-messe de onze heures: «Vous n'êtes évidemment pas un tueur de pères, mon pauvre Lévy.
Voilà tout.»

De comprendre, ce n'est pas tout quand on a Yves Thériault comme interlocuteur, qu'on doit réviser et adapter soi-même des contes d'abord écrits pour la radio, ce qui m'obligeait parfois à les couper de moitié, à remplacer les didascalies par des liens respectant aussi bien la forme que les intentions de l'auteur. Tout ce que je savais alors sur le conte tel que Thériault le concevait, c'était ce qu'il m'en avait dit lui-même:

— Souvent quand j'écris un conte, j'imagine d'abord le titre, et ça peut être n'importe quoi, un bout de phrase lu dans un journal ou n'importe où ailleurs, quelque chose parfois assez con pour que ça devienne un défi, comme par exemple, *Par temps clair on voit la Corse.* D'autres fois, c'est simplement un mot par lequel je me sens attiré, ou un nom. Dimitri, j'ai toujours eu un gros penchant pour ça, je ne sais pas pourquoi. Et Nabuchodonosor aussi, peut-être parce que j'avais un ami haïtien qui a habité un temps chez moi, et qui portait ce nom-là. Généralement donc, c'est le titre que je trouve d'abord. Une fois que je l'ai, je me dis: «Bon, et maintenant, qu'est-ce que je vais mettre dessous?» Alors, je m'installe à ma table, et je travaille, et tout à coup ça donne un conte qui s'appelle *Dimitri*, ou celui-là qui s'appelle *La fille noire*, ou bien encore *La femme Anna.* Parce que moi, j'aime les mots et ce sont eux qui m'entraînent. Je les aime pour le son qu'ils ont, pour l'aspect qu'ils ont quand je les écris. Le sens vient après. Par exemple, il y a un mot comme péremptoire qui me plaît beaucoup. Aussi je vais, dans mon conte, trouver le moyen de le mettre quelque part parce que je ne peux pas m'en passer.

C'était simple mais si peu dans ma façon de voir les choses comme dans celle que j'avais de travailler que je risquais de tourner en rond longtemps avant de passer au travers de la première série des textes dont je devais préparer l'édition. Trop fatigué pour y collaborer lui-même, Thériault me laissait carte blanche : « Fais ce que tu veux avec ce que tu as. Je lirai après et je te dirai ce que j'en pense. » Laissé ainsi à moi-même, je sentis le besoin de faire d'abord le point sur ce que je savais du conte québécois et pourquoi, sans être capable d'en écrire moi-même, je trouvais si fascinant de le lire. C'est ce qui sera démêlé dans le prochain chapitre si Dieu me prête vie jusqu'à demain matin. Là, c'est la nuit noire partout, je tombe de fatigue et ça serait bien en vain si mon stylo-feutre restait ainsi, dérisoirement pointé en l'air. Demain, ça s'écrira mieux, c'est sûr.

9

« C'est là que je trouve des gens à ma
mesure et des terres que je foule à mon aise.
J'y connais mon gré et ma plaisance.
Me blâmera-t-on d'y voyager si souvent et
d'amener avec moi ceux qui me lisent ? »

L'île introuvable

J'ai toujours aimé le conte, peut-être parce que je suis incapable d'en écrire pour être trop bavard et pour manquer de ce talent qui permet les raccourcis lumineux, ceux grâce auxquels la phrase se gonfle brusquement, disant en quelques mots précis l'émotion de tout un monde. N'étant pas de ce côté-là des choses, je me suis toujours contenté d'être un lecteur ordinaire mais fasciné par ce genre très difficile dans lequel Thériault réussit souvent des œuvres fortes, qui coulent de source, toute une histoire vous apparaissant en quelques pages seulement, menée par des personnages dont on ne se lasse jamais, même ceux qui vous paraissent d'abord banals. C'est là d'ailleurs le génie du conteur, qui sait faire éclater le quotidien pour le rendre magique.

C'est à dessein que j'emploie ce mot: j'ai appris à lire dans l'*Encyclopédie de la jeunesse* de Grolier, que mon père avait achetée peu de temps après son mariage. Pendant de longues années, ce sont les seuls livres qu'il y eut jamais à la maison avec, bien sûr, l'*Almanach du peuple* de Beauchemin. Je me souviens encore très bien de l'effet qu'ont toujours produit sur moi ces gros livres bruns bien rangés dans l'étagère vitrée, entre les deux énormes fougères qu'il y avait de chaque côté. C'était à une époque où le salon était un lieu presque inaccessible, la porte y conduisant toujours fermée, sauf quand il se produisait un événement d'importance, une naissance, une mortalité, l'arrivée de la nouvelle année ou la visite rare de la parentèle exilée en Nouvelle-Angleterre. C'est que, dans ce temps dont je parle, il y avait de l'ordre partout, chaque lieu dans la maison ayant son sens. Mais seul le salon était magique, parce que c'était là qu'on se réunissait pour sortir du roule ordinaire du monde, et redonner à la parole toute sa beauté.

Que de beaux moments nous y avons vécus, rassemblés autour du grand-père Antoine qui nous racontait de sa grosse voix de maître chantre les naufrages du fleuve, les chasses aux trésors fabuleuses qu'il prétendait que son oncle Ulric avait vécues à Gaspé, le gros coffre de matelot enfoui dans le sable, sur lequel on ne mettait jamais la main parce que, dès que l'oncle Ulric le touchait, le coffre se transformait en dragon ou bien en serpent à sonnettes. Cet exotisme aurait dû nous faire douter de la véracité des propos du grand-père Antoine, étant donné que les dragons et les serpents à sonnettes sont plutôt rares le long des côtes de la Gaspésie, mais la parole nous ensorcelait si bien que même un éléphant jeté dans le discours ne nous aurait pas paru déplacé. C'était la magie de la parole qui nous touchait et nous émouvait, qui modifiait tout le village des Trois-Pistoles. Après le grand-père Antoine, on ne pouvait plus se promener dans la rue sans penser au grand cheval noir du diable qui avait charroyé toutes les pierres de l'église jusqu'au moment où, un esprit malicieux le débridant, la créature du rêve s'était enfuie, ventre à terre, pour aller étamper ses sabots ferrés sur le plus haut rocher de la grève Fatima.

Il faut dire aussi que cette magie de la parole, rendue vraiment dans ses grosseurs par le talent de conteur du grand-père Antoine, elle habitait également notre quotidien d'enfance aux Trois-Pistoles. Quand on allait *Chez Charlot*, on y retrouvait le Kouaque, ce simple d'esprit qui, pour un Pepsi, avalait une douzaine de bananes l'une après l'autre en grognant comme une bête furieuse. Près de l'aréna, juste à côté de la swamp, vivait Joseph-David-Bartholémie Rioux, un vieil ermite à l'œil gauche loucheur qui, se prenant pour un prophète, traversait les Trois-Pistoles appuyé sur une canne qu'il avait gossée dans une branche d'arbre, admonestant les gens qu'il croisait sur sa route avant de se retrouver sur le bord du Saint-Laurent où, se prenant pour Démosthène, il engueulait vertement les oiseaux et le roulis des vagues.

Si le Kouaque et Joseph-David-Bartholémie Rioux nous effrayaient, ce n'était rien en comparaison des Mantines venus du pays brayon pour se réfugier dans le moulin à farine désaffecté, la mère travaillant à la petite journée, faisant le ménage chez les bourgeois, notamment chez l'une de mes tantes qui s'amusait à la faire parler. C'était un langage inconnu par nous qui ne comprenions rien, les mots de la mère Mantine comme venant à l'envers dans sa bouche, et presque exclusivement sonores. Elle disait: «A lavé l'fond pour un cu», ce qui voulait signifier: «J'ai lavé le plafond pour un écu.» Si les sorcières existaient, elles devaient sûrement ressembler à la mère Mantine et, la nuit, se réunir autour d'elle pour faire venir les grandes saccaouas d'enfer —

ces bruits de chaîne que l'on entendait, qui venaient de la maison hantée maintenant en ruine, face à l'île aux Basques.

Il y avait donc deux ordres de discours dans cette enfance vécue par moi aux Trois-Pistoles. Le premier appartenait par droit et tradition à mon grand-père Antoine, seul possesseur autorisé du verbe et de sa magie blanche. Le deuxième relevait de ce légendaire vivant que constituaient le Kouaque, Joseph-David-Bartholémie Rioux et les Mantines, tous gens de fable, mais avec ce qu'il y a d'inquiétant quand les fables prennent corps et vie, ce qu'elles n'expriment jamais que par un langage piégé et peu compréhensible, le verbe impossible à faire entendre se transformant en magie noire.

À ces deux ordres de discours s'en est ajouté un troisième quand, pour la première fois, j'eus accès à l'*Encyclopédie de la jeunesse* de Grolier. C'est arrivé lorsque mon père, lassé de voir la répression dont j'étais la victime parce que j'écrivais de la main gauche, vint avec moi à l'école, rencontra le directeur, donna un solide coup de poing sur le bureau, et dit: «Mon gars est gaucher. Ce n'est pas sa faute mais c'est de même. Maintenant, je ne veux plus qu'on lui fasse de misère à cause de ça. On va tous l'endurer, vous autres aussi bien que moi.» C'est après ça que mon père a ouvert, spécialement pour moi, la porte du salon, qu'il m'a entraîné vers l'étagère vitrée et qu'il m'a mis entre les mains le premier tome de l'*Encyclopédie de la jeunesse*. Je me suis assis par terre, j'ai ouvert le gros ouvrage brun et, depuis ce temps, je n'ai pas cessé de lire.

Évidemment, j'ai été touché de façon très particulière par ces premières lectures d'enfance, découvrant Lewis Carroll, les frères Grimm, Charles Perreault, Charles Dickens et cet absolu du conte que sont les *Milles et une nuits*. J'étais fasciné par Scipion l'Africain, par ces oies qui sauvèrent Rome, par Hansel et Gretel, par les maisons en pain d'épices et par tous ces géants mangeurs d'enfants qui, s'ils finissaient toujours par se faire avoir, n'en demeuraient pas moins très menaçants. Trois-Pistoles devint bientôt pour moi un lieu presque mythique: Joseph-David-Bartholémie Rioux et Jack le tueur de géants se promenaient main dans la main le long du Saint-Laurent, à la recherche du dragon ou de la licorne pour défaire les enchantements mauvais. J'étais tout à la fois terrorisé et envoûté, mon imagination galopant furieusement, pleine d'inventions, de peurs et de désirs.

Peu après, lorsque je lirai l'*Almanach du peuple* de Beauchemin, je serai tout autant terrorisé et envoûté, mais une grande différence s'établira alors: je n'avais jamais vraiment rencontré de géants, et pas davantage de dragons ou de licornes, mais Jos Violon, Fefi Labranche et le grand Zèbre à Roberge, voilà des personnages qui, comme Joseph-David-Bartholémie Rioux, le Kouaque et les Mantines, auraient pu habiter aux Trois-Pistoles. Pour dire vrai, on les y voyait tous les jours, l'un paradant dans les rues monté sur son vieux bicycle à gaz, ses oreilles de calèche dans le vent, et l'autre traînant son tombereau le long de la voie ferrée où il allait ramasser ce charbon que la locomotive laissait tomber derrière elle comme les fameux cailloux du Petit Poucet. Et plus je lirai, plus l'univers du conte québécois me paraîtra riche : de Louis Fréchette à Sylva Clapin, de Pamphile Lemay à J.-C. Taché, de Faucher de Saint-Maurice à Edmond Rouleau, il y avait tout le vaste monde du rêve québécois qui s'organisait et que Guy Boulizon me faisait découvrir dans l'édition annuelle de l'*Almanach du peuple*. Ce livre fantastique qui s'intitule *Originaux et détraqués* de Louis Fréchette, tous ces portraits du dérisoire et ce qu'il y a de grand quand le dérisoire bascule dans la folie joyeuse! Et aussi cet énorme *Docteur l'Indienne* trouvé par moi chez mon grand-père Antoine, sous une pile de vieux journaux dans le grenier. C'était le jour de l'An partout dans la grande maison de la rue Vézina, tous les oncles et toutes les tantes rassemblés, les cousins de proche alliance comme ceux issus de la cuisse gauche — une bonne centaine de personnes avec leurs violons, leurs musiques à bouche, leurs accordéons, leurs bombardes et leurs cuillers. Un superbe show de deux jours, plein de vieilles chansons et de contes. Ces jours-là, nous avions le droit de tout faire même si nous n'étions que des enfants. Et lorsque la fatigue nous entrait dans le corps, c'était mon oncle Phil qui nous prenait dans ses bras et nous emmenait au grenier où les lits superposés avaient été montés. Ça sentait le tabac que mon grand-père Antoine y entreposait par gros paquets de feuilles vertes. Mais moi, je mettais bien du temps à m'endormir, trop excité par les odeurs, celles du tabac comme celles de la musique que l'on faisait en bas et qui montait jusqu'au grenier. C'est pourquoi, ce soir-là, je fouillai dans la pile de journaux et y trouvai *Docteur l'Indienne* d'Edmond Rouleau — une série de contes qui m'ouvraient à l'univers des feux follets, des lutins, des aurores boréales et de la chasse-galerie, tous venus des mythes de la magie blanche.

Sauf que, lorsque je tombai sur *Docteur l'Indienne*, c'est la magie noire qu'il y a dans certains contes québécois qui me secoua. Il y avait de quoi — ce médecin de Saint-Jean-Port-Joli, surnommé docteur l'Indienne parce qu'il portait presque continuellement une robe d'indienne, que tous redoutaient et fuyaient parce que, disait-on, il jouissait de pouvoirs supranormaux, capable par la seule force de ses yeux de faire remonter l'eau du Saint-Laurent jusque sur les terres des cantons les plus éloignés. Un soir, le docteur l'Indienne héberge un voyageur, un marchand ambulant comme il y en avait tant à cette époque. Une fois le marchand endormi, son étrange hôte se lève, prend un marteau et lui en assène un grand coup en plein front. Voici la suite, que raconte Rouleau :

« Le docteur retourne à son gîte, lave les taches de sang qui recouvrent le parquet de la chambre où reposait Guillemette une heure auparavant, place dans un lieu sûr tous les effets qui avaient appartenu à la victime, et s'étend nonchalamment sur son lit, avec la satisfaction d'un homme qui a fait le bien toute sa vie. »

Il y avait là-dedans de quoi terrifier un enfant de sept ans, surtout avec cette illustration qui se trouvait sur la page voisine, montrant le docteur dans sa grande robe d'indienne, avec cette moustache et cette petite barbe et ce bonnet venus directement de Chine. Et cette bouteille de rhum de Jamaïque qu'il offre, presque menaçant, au voyageur assis près de son gros sac et de sa forte canne de marcheur. Tout le reste est nu, une mosaïque de planches rustres avec, sur une petite étagère contre le mur du fond, une dizaine de livres dans lesquels le docteur l'Indienne devait puiser sa soif d'or et ses dons satanesques.

Si ce conte m'a tant frappé, c'est, bien sûr, à cause de sa grande violence, issue aussi bien du texte que de l'illustration, mais également pour tout autre chose, notamment pour cette description:

«Quand on l'a fait prisonnier, on l'a attaché à une cloison dans sa maison. On avait percé des trous dans cette cloison; ses pieds et ses mains étaient attachés avec de fortes cordes. Il se déclarait innocent du crime dont on l'accusait; il se comparait humblement semblable à Notre-Seigneur Jésus-Christ crucifié.»

Ce paragraphe a l'air de rien, mais il est d'une grande importance pour qui a lu un certain nombre de contes québécois dans lesquels l'assassin se transforme aisément en victime après son crime. Ce fut le cas du docteur l'Indienne qui, mené à Québec pour y être pendu, tint à faire un discours une fois monté sur l'échafaud, avouant son crime, en demandant pardon à Dieu et à la foule venue le voir mourir. Il fit un si beau discours, dit le chroniqueur, que le peuple en fut vivement impressionné. Un peu plus, et l'on demandait à son bourreau de ne pas lui passer autour du cou la terrible cravate de chanvre!

Car cette réalité que véhiculent les contes québécois, particulièrement ceux du dix-neuvième siècle, quelle est-elle? C'est d'abord celle du village, ce lieu géographique délimité dans le temps et dans l'espace, un monde clos pour qui l'étranger commençait au bout du dernier rang. Pour mon grand-père Charles qui, à quinze ans, achetait sa terre à Saint-Jean-de-Dieu, le monde connu finissait avec les clôtures de perches qui entouraient son royaume. Au-delà, c'était l'inconnu. Il n'en sortit pas une seule fois de sa vie, se contentant d'accueillir les quêteux, les voyageurs de toutes espèces et ces venants dont parle souvent Thériault dans ses contes, que l'on craint tout en les respectant parce que, ce qu'ils apportent avec eux, c'est la parole — toutes ces nouvelles de la vie lointaine et nombreuse, dans un langage autre que le geste sait magnifier, pour que ce qu'il y a de journalier en soi disparaisse, ne serait-ce que quelques heures, afin que le rêve des autres vous traverse aussi. Demain, il sera toujours temps de revenir à ce monde clos que symbolise le village, et de faire durer les archétypes : celui de l'église, celui du magasin général, celui de la boutique de forge, celui du moulin à farine et celui de la ferblanterie. Beaucoup de contes y ont été inventés puisque ces lieux, tout en étant dans l'ordre des choses, symbolisent trop pour n'être que cela. Ils sont aussi le gonflement du tissu social, et son achèvement. C'est pourquoi la boutique de forge est dans le village québécois traditionnel le haut lieu du conte, bien davantage que l'église. Parce que le forgeron maîtrise le feu, domine le fer et l'acier, ferre la bête et met au monde le peuple des outils, voilà qui fait de lui le centre et le ventre du monde : faire jaillir tant d'escarboucles de feu tout en restant dans le sombre, il y a là tout ce qu'il faut pour ameuter le rêve. Tous les grands conteurs québécois l'ont compris, qui ont écrit là-dessus, d'Adjutor Rivard à Yves Thériault.

Pour celui qui s'intéresse au conte québécois et veut comprendre l'importance très grande de la tradition, il existe sur le sujet un petit ouvrage dont on peut être certain que des écrivains comme Yves Thériault, Roch Carrier et Jacques Ferron l'ont lu, parce qu'il s'agit de la description du village québécois avant que la grande poussée industrielle du vingtième siècle ne le fasse éclater, y mettant cette incohérence partout alors que jadis il vivait dans son homogénéité et dans l'ordre très sage qu'il s'était donné. Ce livre s'intitule *Vieilles choses et vieilles gens* et a été écrit par Georges Bouchard, homme de lettres et député. On y apprend d'abord ce qu'ont été dans le quotidien des choses l'église, le curé et le bedeau que seuls Louis Fréchette (dans *Originaux et détraqués*) et Yves Thériault (dans les *Chroniques de Saint-Léonide*) ont su rendre avec beauté, comme Georges Bouchard, par petites allusions qui disent bien la grande place qu'ils occupaient dans l'organisation du village. Bouchard l'appelle le pouvoir derrière l'autel — le pouvoir de celui qui, pour être au courant de tout, peut faire montre d'humour, notamment envers les prétendues dévotes à qui il dit, pince-sans-rire : « Sortez vite de l'église, Caroline ! Faites un peu moins de façon à Dieu et plus à votre famille et à vos voisins. » De même, il a le droit de faire étriver ce vieil habitant têtu qui est en guerre avec le gros Pitre à Jonas, en lui disant: «Si je suis encore bedeau à votre mort, je vous promets de ne pas vous enterrer à côté du gros Pitre à Jonas qui pourrait troubler votre sommeil!»

Et ce que le curé et le bedeau ne faisaient pas parce que leur fonction le leur interdisait, c'était le crieur qui s'en chargeait. On lui avait bâti une tribune près de l'église, il y montait dès la messe terminée, donnait les nouvelles les plus récentes du village, rendait compte des exigences du seigneur, rappelait aux citoyens que leurs comptes n'étaient pas payés chez le forgeron ou chez le cordonnier, annonçait que «Mardi, il y aura un encan chez petit Noir à José qui veut vendre toutes ses nippes avant de partir pour les États» et ajoutait, s'amusant très fort: «Baptiste Rouleau du village des Blagues vous fait dire, sauf votre respect, qu'il a une belle portée de petits cochons à vendre. C'est des cochons de race, des cochons anglais qui profitent vite. Il les vend au choix pour un écu la semaine. C'est pas cher pour des petits gorets qui sortent d'une truie du gouvernement!»

Comme on voit, chacun avait sa place dans l'organisation du village, même la ménagère du curé, tout comme le maquignon d'ailleurs, le violoneux ou bien le remmancheux. Tout ce monde-là, tôt ou tard, se retrouvait à la boutique de forge, le rendez-vous de tous les nouvelliers du village et d'ailleurs, ce qui explique pourquoi, dans les campagnes québécoises, on a donné tout son sens aux Ulysse qui reviennent de loin et savent si bien mentir en les appelant les forgeurs de nouvelles.

C'est en relisant Bouchard que cette expression m'est revenue, en même temps que la boutique de forge de mon grand-père Antoine, là où mes frères et moi allions après l'école, pour exciter en nous la passion des chevaux et cette admiration que nous avions pour l'ancêtre vêtu de son grand tablier de cuir, debout devant l'enclume, toute la formidable masse de son bras droit nue parce que, fier de ses muscles, il roulait la manche droite de sa chemise jusqu'à l'épaule, cachant sous le tissu le monde plus banal de son côté gauche.

Curieux tout de même qu'en lisant Thériault c'est d'abord cela qui me frappe, tout se passant comme si les mots que je suis censé écrire sur lui ne pouvaient pas faire autrement que de se déprendre dans tous ces chemins ouverts en moi. Sans doute est-ce parce qu'un jour, je suis allé le voir chez lui à Rawdon pour lui apporter les épreuves de *La femme Anna* et qu'il m'a emmené dans son bureau, me laissant m'asseoir à sa table de travail, devant sa machine à écrire. Sur le rouleau, il y avait cette feuille, et tous ces mots écrits déjà, avec ce titre tout simple: *Valérien le forgeron*. «Une vraie boutique de forge, on se dirait revenu cinquante ans en arrière, même soixante-quinze ans», voilà ce que dit le personnage de Thériault en entrant, tout comme moi je me trouve maintenant, au creux de ce chapitre qui ne peut pas s'écrire autrement que comme un conte, le conte de mon enfance et le conte de moi devenu grand, c'est-à-dire ce que Thériault me force à reconnaître et à faire revenir au monde, la grandeur de mon grand-père Antoine, aussi bien dire la grandeur de mon lieu de naissance, ces Trois-Pistoles qui savaient ce qu'est le sens de la parole.

Voilà pourquoi il n'était pas rare que, regardant mon grand-père Antoine ferrer un cheval, il se produisait tout à coup un événement de grande importance : la petite ouverture qu'on avait pratiquée dans la grande porte de la boutique de forge s'ouvrait, et un curieux personnage faisait son apparition ; habillé d'une grande robe blanche, arborant une prodigieuse barbe, il regardait mon grand-père Antoine, allait vers lui et le prenait dans ses bras avant de l'embrasser. Cela nous faisait très drôle en dedans de nous parce que mon grand-père Antoine, comme tous les gens de sa tribu, était très prude et ne touchait jamais personne, sinon de la main. Mais là, il ne protestait pas, se laissant aller dans l'émotion. Il faut toutefois dire que, lorsqu'on est père ou frère blanc, qu'on revient de mission, du Nyassaland ou de l'Oregon, de Yellow-knife ou de Fort Chimo, et qu'on se retrouve brusquement dans une boutique de forge aux Trois-Pistoles, il y a là de quoi impressionner n'importe qui, même le grand-père Antoine.

Je ne sais pas pourquoi je parle de tout cela alors que probablement, je devrais tenter de cerner autre chose, c'est-à-dire ce grand conteur qu'est Thériault. Si je fais ce que je fais, même à mon corps défendant, c'est que j'ai une dent grosse comme la vie contre toute une littérature officielle, même d'aujourd'hui, qui voudrait que l'on croie que le monde traditionnel du village québécois n'ait été que le monde de la survivance, sans ouverture sur l'ailleurs. Il n'en a jamais été ainsi dans ma tribu. Si on restait aux Trois-Pistoles, un tas de notre monde courait sa galipote aux quatre coins de la Terre, l'un comme missionnaire, l'autre comme chef indien des Couteaux-Jaunes le long du McKenzie, l'autre comme bootlegger entre le Bas-du-Fleuve et Saint-Pierre-et-Miquelon, et le dernier comme acteur à Hollywood. Quand ils revenaient aux Trois-Pistoles, même si ce n'était que pour quelques jours, c'était tout le vaste monde qui entrait dans la grande maison de la rue Vézina, et cela n'avait plus rien à voir avec la colonisation et tous ces habitants monotones dont la grande partie de notre littérature est faite, même aujourd'hui. On y apprenait au contraire que nos pères avaient été des explorateurs, qu'ils avaient fendu comme de vieilles poires trop mûres toutes les Amériques, qu'ils s'étaient faits miamis, cris, mandans et sioux, comme cela est dit dans ce livre superbe pour nous, qui s'intitule *Colorado Saga*, écrit par James Michener, un Américain qui trouve le moyen d'ouvrir son livre en y faisant apparaître Pasquinel, ce Québécois de Montréal qui fonce vers le Mississippi, n'y trouve pas son fond de penouil et monte vers le Colorado, lui le premier Blanc à y arriver, pour chasser le castor et y découvrir l'or, de même que sa véritable femme, amérindienne.

Dans la grande maison de la rue Vézina des Trois-Pistoles, c'était de ce vaste monde que nous parlaient les gens de notre tribu qui avaient essaimé ailleurs — le Klondyke fabuleux et l'Alaska encore russe, le Labrador enneigé que les cométiques sauvages sillonnaient, la Nouvelle-Angleterre des grandes manufactures de coton, gigantesques monuments de briques rouges venus de l'esclavage noir et sudiste, la Chine des premières conversions, avec les pieds déformés de toutes les femmes, l'Afrique noire, si pauvre que tout le monde s'y retrouvait tout nu, avec les gros ventres de l'affreuse misère. Et tous ces voyagements qui nous étaient racontés, de bateaux, de trains, de pirogues, à dos d'âne et à dos de chameau! Nous étions au centre du monde, dans toute son ignominie et dans toute sa traîtrise – aussi bien dire dans son insupportable beauté.

Et lorsque les grands contes de l'ailleurs avaient tous été contés, qu'on se retrouvait dans la cuisine du grand-père Antoine, la cruche de caribou au centre de la table, le discours se voyait changé dans son orientation, les espaces vastes de la Californie, de Bahia de tous les saints, de Dakar et de Hong-Kong se réduisant brusquement aux frontières mêmes des Trois-Pistoles. On s'informait alors de ce qui arrivait à la vieille tannerie, on posait des questions sur la vie de peintre de Jos Morency, on cherchait à savoir ce qui était arrivé aux Mantines, à Job Horton, au Kouaque ou à Joseph-David-Bartholémie Rioux – le village était toujours le centre du monde parce que, même si on allait prêcher la bonne nouvelle chez les infidèles, c'était à lui qu'on revenait toujours parce que c'était lui qui vous avait fait – ces pintes de lait gelées sur le pas des portes dans les petits matins des grands froids de l'hiver, le bonhomme Fish qui, attelé à son tombereau, vendait son poisson de porte à porte, les vieilles filles sèches et acariâtres, le bonhomme Peanut avec ses petites jambes frêles, les *pestaques* de la Saint-Jean alors que, dans les séances que l'on faisait à la salle paroissiale, mon père et l'oncle Phil se déguisaient en femmes ou en nègres pour nous émerveiller.

Lorsque je lis les contes, les nouvelles et les récits de Thériault, c'eſt tout ce monde qui m'eſt redonné dans la profondeur de cette connaissance qu'il sait si bien rendre, par la magie d'une parole belle pour avoir beaucoup été travaillée. Prenez, par exemple, *Valère et le grand canot*: vous avez en une quinzaine de pages seulement tout ce qui conſtitue le village québécois traditionnel et, en même temps, vous y retrouvez les grands mythes qui nous ont fondés dans notre imaginaire. Nous sommes toujours tributaires du passé amérindien puisque jadis, nous étions marchands de fourrures, voyageurs et foreſtiers, coureurs des bois et explorateurs. C'était en un temps où l'on se débaptisait pour mieux se renommer, le nouveau nom que l'on adoptait disant mieux ce que l'on devenait. C'eſt là le rêve merveilleux que fit Valère, attaché au grand canot des ancêtres, cherchant à reconnaître la voix de la beauté et de la sagesse rouges, celle qui, dans les débuts du pays, l'a fasciné alors que, naviguant sur le fleuve, il s'eſt retrouvé au centre d'une grande virée: «Mon ancêtre Lebœuf, et les autres gars de la fourrure, dans le temps, quand ils se risquaient plus loin que le fin bout d'habitude, ils appelaient ça une virée»; c'eſt ce que revit Valère, bouleversant les données de son village. On finit par croire qu'il eſt fou, jusqu'au jour où il revient de l'ultime virée, accompagné par la sauvagesse jeune et tendre du grand mal d'amour qui, bien avant lui, avait bouleversé son lointain ancêtre. Alors Valère est vraiment heureux puisque toutes les traditions dont il est issu se sont retrouvées, faisant éclater le nœud des contradictions.

Partant de ce conte, Thériault peut tendre son arc dans n'importe quelle direction: c'est tout l'espace qui l'attire parce qu'à ce niveau il est vraiment un pionnier, habitant partout à la fois, aussi bien dans les petits riens du quotidien (*La robe de laine* ou *La caméra*) que dans l'imagerie biblique (*L'eau de Pâques* et *Le fils de Yaweh*), que dans le monde des géants et des *étranges*, c'est-à-dire tous ces hommes venus d'ailleurs, s'installant au Québec, pour troubler encore une fois les données traditionnelles du village. On n'a pas assez insisté sur cet aspect de l'œuvre de Thériault, sur tous ces textes fort pertinents qu'il a écrits sur le monde de l'immigration qui, de tout temps, a été occulté dans notre littérature. C'est pourquoi, quand je lis *Le Portugais*, je suis ému, à cause de la beauté des terres noires dont parle Thériault, mais aussi parce qu'il y a ce revenant, fraîchement arrivé du Portugal, mais déjà assez connaissant du village québécois traditionnel pour faire sa première visite à la boutique de forge afin de *déclarer ses intentions*, c'est-à-dire acheter une terre. Un an à peine, et le Portugais obstiné et seul transforme la friche et la terre noire en richesse:

« Un faiseur de miracles dans la terre noire. Il ne fallut pas plus d'un an pour que déjà l'on partît du village, le dimanche, pour aller voir, comme en promenade, l'air de ne chercher rien d'autre, jusqu'au bout du deuxième rang. Les plus beaux navets, les plus belles carottes, des laitues grosses comme des choux et les choux gros comme des citrouilles. Avec une ordonnance qu'on aurait dit une image du calendrier agricole. La terre vraiment possédée, pas un pouce de perdu, des clôtures droites, les rangs à perte de vue, droits tels des chemins de ville. »

Mais transformer la terre ne serait pas de suffisance car, comme dit le Portugais: «Une ferme, c'est ça. La terre, la maison, la femme. » Et c'est pourquoi il se rend chez Gervaise qui fut mal mariée et vit, depuis la mort de son homme, en état d'esseulage, ses champs abandonnés à eux-mêmes, le potager de maigre allure, et des poules plutôt mal amanchées. Pour vaincre la résistance passive de Gervaise, le Portugais fait un geste de grande portée: il arrive à la ferme de Gervaise avec un chou magnifique qu'il plante dans la terre noire avant de s'en retourner chez lui, laissant Gervaise en contemplation, fascinée par la scène étrange qui va la rendre enfin à elle-même et lui faire redécouvrir ce qu'elle a toujours été mais que la vie a failli tuer: une femme bonne et fertile comme la terre noire, qui rêve de paix, d'un homme et d'enfants afin que le paysage se découvre de partout, embellissant l'espace et le temps.

Il s'agit d'un texte fort évocateur, qui me parle autant que *La tour* parce que, encore une fois, j'y retrouve le monde de toutes nos enfances. À trop vivre dans l'univers douillet des grandes villes surprotégées, on oublie jusqu'à quel point le feu a été de tout temps l'un des grands mythes de notre imaginaire, aussi bien social que culturel. Les incendies célèbres de Québec et de Ville-Marie ont terrorisé les premiers colons québécois, de même que les incendies de forêt, à tel point qu'il est impossible d'ouvrir un ouvrage de fiction du dix-neuvième siècle sans qu'il n'en soit fait mention. Qu'on se souvienne d'Adjutor Rivard, des contes qu'il a écrits sur le sujet, reprenant après tant d'autres le thème du feu, toujours associé à celui de la sécheresse. Ça commence par un petit nuage de fumée sur la barre de l'horizon puis, brusquement, tout le ciel s'embrase et c'est l'angoisse. Quand le feu encercle le village, rasant les premières maisons et les premiers bâtiments, la panique montre le gros bout de son nez. Dieu veille, évidemment, comme dans tous les contes traditionnels québécois, et c'est lui qui se charge de régler son cas aux forces du mal qui ont mis le feu à la terre. Alors apparaît le curé, qui se lâche lousse dans la prière et l'eau bénite, et marche dignement vers l'incendie. La curieuse médecine religieuse réussit toujours: après avoir admonesté les flammes en latin, le curé jette sur elles tout ce qui lui reste d'eau bénite, faisant venir le miracle. Le vent se lève tout à coup, cette fois-ci du bon bord des choses, et renvoie le feu très loin dans les bois. Après, il ne reste plus à tout le monde qu'à tomber à genoux et qu'à remercier le ciel.

Voilà pour le mythe traditionnel. J'avoue lui préférer bien davantage l'utilisation que Thériault en fait dans *La tour*. Il y a d'abord cette idée de génie grâce à laquelle est transgressé le vieux mythe du feu qui, ici, a toujours été collectif, en ce sens que c'est immanquablement tout un village qui se voit confronté avec l'élément destructeur, et jamais un individu. Dans *La tour*,

Thériault situe d'abord admirablement les choses, en quelques grandes lignes toutes simples pour fasciner le lecteur que je suis. Jouissez comme moi de la maîtrise:

«Pendant cinq ans, Dorothée habite le minuscule village à peine nommé, accroché à un flanc de montagne, invisible sauf son clocher, sous une gaine d'arbres verts, immobile et ne respirant qu'au rythme du ciel, un rythme large, patient, lent, presque trop profond.»

C'est ainsi qu'on fixe le monde quand on est écrivain, et conteur par surcroît. Après une telle entrée en matière, on a hâte de savoir la suite, notamment parce que le personnage de Dorothée vous attire déjà. Qui est-elle? La femme toute discrète de Joachim dont l'occupation d'été consiste à surveiller les incendies de forêt du haut d'une tour de métal, loin dans les montagnes. Ce qui, à la longue, fait de Joachim un homme peu parlant, et d'autant moins parlant que la belle Dorothée ne semble pas pressée pour *acheter*; l'enfant tarde à venir, ce qui n'est pas tout à fait normal quand on habite Notre-Dame-de-la-Grande-Forêt et que les autres femmes se délivrent d'un petit, bon an mal an. Ça explique tous les problèmes de Joachim et ceux, de plus en plus lancinants, de Dorothée. Aussi tout se dénoue-t-il rapidement le jour où elle apprend qu'elle est enceinte alors que Joachim est prisonnier de sa tour de métal. Pour avoir attendu six ans, Dorothée veut à tout prix aller dire la bonne nouvelle à Joachim. Elle saute dans la jeep et s'enfonce donc dans la forêt, par des chemins si pénibles qu'elle ne peut voir ce qui déjà l'entoure, ces flammes au centre desquelles elle va bientôt se trouver prise. Un tout petit paragraphe raconte cela de bonne façon:

«Le feu était à la forêt, et elle était là, droit au milieu de cette course de mort, de ce brasier galopant derrière elle, la poursuivant. Il n'y avait que devant où semblait exister encore une troupe. Et donc, plus question de retourner, mais simplement de fuir, vers l'ouest, droit devant, à peu près à l'aveuglette dans cette fumée âcre que le vent rabattait en larges tourbillons puissants entre les arbres.»

Quoi de plus simple? Mais tout est là, le feu, le vent, le dragon de la grande destruction, et Dorothée au volant de sa jeep, s'acharnant presque désespérément dans son *délirant instinct* pour que Joachim la reconnaisse dans sa qualité de femme, «belle ainsi, comme jamais, affalée par terre dans la cabine de métal perchée près du ciel, les vêtements souillés, le visage noirci de suie, les cheveux emmêlés... surnaturellement belle soudain».

Je pense n'avoir plus rien à ajouter, sinon que j'aurais voulu que ce que j'écris se lise comme un conte puisque je ne parle que de mon émerveillement à me retrouver dans mes enfances, celles de jadis et celles de maintenant — *ce qui reste toujours à être raconté*, aussi bien dans le monde de Thériault que dans le mien, mais que la lecture de ses contes, nouvelles et récits a ameuté du fond de moi-même, peut-être seulement parce que j'ai lu *La forge* et que le David Coudois du rêve de Thériault m'a fait me ressouvenir de mon grand-père Antoine:

«Il chanta, le beau forgeron bien solide dans ses quarante ans magnifiques. Il chanta au rythme du soufflet, tourna et retourna le métal selon l'air facile de chaque couplet. Sa voix emplit la longue boutique basse, aux poutres tombantes, cintrées, noircies par cinquante ans de vie, de fumée, de feu de forge et de chevaux en sueur, piaffant sous le plafond de planches rudes.»

C'est pourquoi, au lieu d'écrire ce texte savant que je me proposais de rédiger sur l'art du conteur chez Thériault, l'émotion m'a retourné à l'envers, mes notes nombreuses disparues dans la brume, et moi me retrouvant comme je suis maintenant, assis à ma table de travail, rêvant bien au chaud dans l'affection du conte, incapable, et ne voulant pas le faire, de départager ce qu'il y a toujours de complexe dans le plaisir du conte qu'on lit, ce qui vient de *l'autre* et ce qui procède de soi, parce que jamais je n'ai su faire la différence, sachant trop la rareté de la jouissance pour ne pas en profiter, même dans ce qui, malgré moi, s'écrit.

Et maintenant que c'est fait, je n'arrive toutefois pas à m'arracher des contes de Thériault, en relisant de grands bouts pour que continue de vivre l'émotion. Quelle chose plus belle à avouer que ce qui fait le prix d'un écrivain comme Thériault, c'est ce qu'il vous redonne de vous-même, que vous croyiez avoir enfoui très loin dans les limbes de la mémoire et, au détour d'une phrase toute simple, cela vous est ramené d'un seul coup afin que l'obsession revienne vous habiter — cette profonde déchirure qu'ont dû être tous ces contes pour Thériault, tout cet acharnement pour que la beauté *forge* enfin le pays, toute cette patience habile parce qu'inscrite dans le passé plus loin que l'enfance (et c'est là que Thériault me détient, parce qu'il me ramène à la meilleure part de moi-même, celle qui peut enfin avouer sa culpabilité : lorsque mon grand-père Antoine est mort, je ne suis pas allé à ses funérailles. Pourtant, quand il a remis à mon père le soufflet de forge mythique qui sentait encore le vieux cuir des ancêtres, c'est moi, son petit-fils innocent, et moi seul, qui étais du voyage) — et il a fallu que je lise *La forge* pour m'en souvenir et éprouver le désir d'en parler, quitte à m'excuser et à promettre pour demain encore, même si je ne suis pas solvable, tout ce qui me reste encore à dire sur Yves Thériault.

10

« C'était un beau jour, avec le dernier vrai
soleil. Au lendemain, ce serait le début
du froid, l'automne, l'apprêt pour la chasse,
puis novembre et les premiers pièges
enfoncés dans la neige, dissimulés, secrets. »

L'herbe de tendresse

L'édition des contes d'Yves Thériault devant compter six volumes que je m'étais engagé à faire paraître au rythme de deux par année, je ne chômais pas dans mon souterrain de Montréal-Nord. Je n'avais heureusement pas besoin de beaucoup de sommeil, quatre heures par nuit m'étant de suffisance pour refaire le plein. Je me levais donc souvent aux petites heures du matin et, tout en buvant un premier café, je faisais mon petit Thériault en révisant, corrigeant et adaptant l'un ou l'autre des textes de *La femme Anna* ou de *Valère et le grand canot*.

Quand j'en avais une dizaine dont j'étais satisfait, je montais dans ma machine pour aller les porter à Thériault qui habitait à Rawdon une maison fort chaleureuse; on y reconnaissait la touche de Lorraine, sa compagne depuis une quinzaine d'années, que les belles antiquités québécoises fascinaient — grandes armoires de pin, mobilier de cuisine en chêne tigré, encadrements dorés sur les murs et, partout, d'impressionnantes poteries que Lorraine faisait elle-même entre deux recettes de cuisine qu'elle expérimentait (car elle publiait elle aussi des livres sur l'art de bien manger).

Chaque fois que j'allais à Rawdon, j'avais donc droit à un bon repas avant d'aller m'enfermer avec Thériault dans l'appentis qu'il avait transformé en bureau — de grandes fenêtres vitrées qui donnaient à voir le jardin et les pins bordant la cour, quelques étagères et des livres empilés n'importe comment dessus, une table, du papier et l'éternelle vieille machine à écrire de marque Remington.

Les textes que je lui apportais, Thériault ne mettait jamais beaucoup de temps pour passer au travers. Il leur jetait un coup d'œil, en lisait parfois à voix haute les premières lignes, levait les yeux vers moi et disait:

— Le phrasé est bon, la ligne rythmique correcte. C'est de la belle besogne.

J'insistais quand même pour qu'il prenne le temps de tout relire avec attention, surtout les textes écrits pour la radio parce que ceux-là, je les retravaillais beaucoup, coupais généreusement dedans ou ajoutais un lien par ici et une phrase par là, les copies au papier carbone dont je disposais péchant parfois par omission de mots.

— Je vais regarder ça ce soir, me disait Thériault. Je te téléphone demain.

J'étais souvent obligé de le relancer, Thériault oubliant de me rappeler.

— C'est faute de temps, protestait-il. J'ai de grands projets en train et ça me gruge toutes mes journées.

Toute sa vie, Thériault a pensé qu'en tant qu'écrivain il gagnerait un jour le gros lot et que, riche enfin, il pourrait s'adonner librement à l'écriture tout en menant la grande vie — de longs voyages en mer, des séjours en Italie, de belles chambres dans de grands hôtels et un vestimentaire approprié: tuxedo, chemise blanche et nœud papillon comme ceux que portaient les écrivains américains qu'il avait fréquentés, les John Dos Passos, les John Steinbeck et les Ernest Hemingway, des stars de l'écriture aussi célèbres que celles fabriquées par le cinéma de Hollywood.

En 1980, Thériault avait fait son deuil de devenir millionnaire par ses romans et ses contes mais, la télévision et le cinéma étant alors en pleine mutation, il y vit l'occasion qu'il attendait: aux nouvelles chaînes qui se créaient aussi vite que des champignons, il proposa de courts scénarios érotiques inspirés d'un livre qu'il avait déjà écrit, *Œuvre de chair*. Le projet étant, selon Thériault, à la veille de devenir réalité, il me persuada plutôt facilement de remettre sur le marché son ouvrage alors épuisé. Je devais en récolter les retombées qui viendraient de la télédiffusion de ses scénarios. Le problème, c'est que le projet avorta bien avant le premier tour de manivelle et que je restai avec *Œuvre de chair* sur les bras, peu de lecteurs aimant marier, semble-t-il, la joute amoureuse et la cuisine aphrodisiaque.

Bien que déçu, Thériault se recrinqua vite le moral quand une grande compagnie de film lui proposa rien de moins que l'adaptation cinématographique d'*Agaguk* — un budget d'une vingtaine de millions de dollars et des droits d'auteur comme Thériault n'en avait encore jamais eu. Il avait toutefois oublié qu'il avait déjà cédé les droits d'*Agaguk* pour le cinéma une quinzaine d'années plus tôt à une entreprise de Toronto. Le temps que prit l'affaire pour se régler, de même que toutes les chinoiseries inhérentes à la fabrication d'un film, ne permirent pas à Thériault d'avoir le plaisir de voir *Agaguk* de son vivant: quand le film fut lancé, il y avait déjà une dizaine d'années qu'il était mort.

Thériault croyait tellement que la réalisation de son rêve était pour demain qu'il m'encouragea à publier plus rapidement que prévu le troisième tome de ses contes, tous axés sur le côté esquimau et amérindien de son œuvre. Pour moi, ça représentait un énorme travail, aussi bien de réécriture que de relecture: je ne pouvais préfacer *L'herbe de tendresse* sans me remettre en mémoire tout ce que Thériault avait écrit sur les aborigènes, les autochtones et les métis, d'*Agaguk* à *N'Tsuk*, d'*Ashini* à *Tayaout*, de *La quête de l'ourse* à *Agoak*. Quand je fis part de mon problème à Thériault, il me ramena plus de dix ans en arrière à mon petit article sur *Tayaout* que j'avais fait publier dans *Échos-Vedettes*. Avec un petit sourire au coin des lèvres, Thériault me dit:

— En relisant ce que j'ai écrit sur les premières nations qui ont peuplé ce continent, peut-être reviendras-tu sur ce que tu as déjà pensé de *Tayaout*, moins esquimau que québécois selon ton dire.

Je m'attendais si peu à cette petite flèche de Thériault que je ne sus pas quoi lui rétorquer. Profitant du fait qu'il devait répondre au téléphone, je m'éclipsai pour aller m'enfermer encore dans mon souterrain de Montréal-Nord. On était alors au beau mitan du printemps. Je n'en sortirais vraiment qu'à la fin de l'été, *L'herbe de tendresse* toute fine prête pour être envoyée chez l'imprimeur, précédée de la préface que j'allai porter à Thériault et que je lui demandai de lire tandis qu'avec Lorraine je visitais le jardin bien-portant au fond de la cour. Cette préface-là, j'y tenais parce que j'avais mis un temps fou à l'écrire, mon peu de connaissance sur les Esquimaux en particulier me forçant d'abord à me documenter.

C'eſt ainsi que j'appris que, déjà au dix-huitième siècle, les chroniqueurs écrivaient que «l'état aĉtuel des choses de la zone glaciale n'eſt qu'un roman médiocre». Ce qui les autorisait à affirmer une telle chose, c'eſt que, de Terre-Neuve au Labrador, de la baie d'Hudson au Groenland, les explorateurs européens étaient débarqués partout, y cherchant ce que la colonisation récente du Canada septentrional ne pouvait plus leur donner, cet exotisme dont l'Europe était toujours aussi friande, de sorte qu'un navigateur comme Frobisher devint célèbre de par toute l'Angleterre quand, en 1577, il fit cadeau à la reine Elizabeth de trois Esquimaux que l'on «promena sur de petits chevaux de Corse» et qui, pendant plusieurs jours, «servirent d'amusement à la populace de Londres, toujours avide de speĉtacles insensés».

Le succès qu'obtinrent ces trois premiers Esquimaux kidnappés dans leur pays natal devait amener les «montreurs publics» à user d'audace, dans un continent dont les sens s'étaient émoussés depuis le Moyen Âge, avec ses sorciers, ses bûchers, sa scolaſtique et son myſticisme qui, même au milieu de la Renaissance, perduraient tragiquement, aussi bien dans la réalité quotidienne que dans l'espace, béant, de l'imaginaire.

Cela étant su, faut-il alors s'étonner si, dans cette Europe de tous les malheurs et de toutes les disgrâces, les profiteurs se mirent à pulluler? La nouveauté d'émotion qu'avaient été les Hurons et les Iroquois s'étant épuisée, à qui, dans le Nouveau Monde, reviendrait l'honneur triste de prendre la relève, sinon aux Esquimaux, de connaissance récente et sujets, plus que tout autre peuple, à réanimer la folie des grandes découvertes de la fin du Moyen Âge?

Ce n'est donc pas pour rien si, dans le détour du dix-huitième siècle, l'amour du gain fit imaginer à plusieurs charlatans forains d'Amsterdam, de Paris, de Rome et de Londres cette fraude singulière: en secret, on travestissait un jeune matelot en Esquimau, on le goudronnait, on le frottait d'une graisse noirâtre, on l'accoutumait à avaler sans répugnance des gobelets pleins d'huile de baleine et à proférer des mots barbares sur un ton rauque; et, après l'avoir habillé de peaux de chien marin et d'intestins de poisson, on le défigurait autant qu'il pouvait l'être, afin de le *montrer* à la populace pour de l'argent.

Pendant des années, ces montreurs de faux Esquimaux obtinrent grand succès puisque l'Europe ne demandait pas mieux que de renouveler ses archétypes sur le Nouveau Monde. Après le Québec, la Louisiane, Mexico et Lima, l'Esquimau, mieux que personne, était en mesure de satisfaire toutes les curiosités, même celle des prétendus philosophes qui, pour ne citer qu'un exemple, purent écrire en toute quiétude que les Esquimaux, à cause du climat délétère du Grand Nord, étaient les plus petits des hommes, et les plus bizarres:

«Quoique replets et très chargés d'embonpoint et de graisse, leur port est mal assuré; et en examinant les extrémités de leurs membres, on s'aperçoit que l'organisation a été gênée, dans ces avortons, par l'âpreté du froid, qui concentre et dégrade toutes les productions terrestres. »

De là à affirmer que « leur sang, devenu épais et onctueux, exhale une odeur très pénétrante d'huile de baleine » et que « leurs mains sont poissées parce qu'il suinte, de tous les pores de leur peau, une matière grasse et visqueuse, assez semblable à cette viscosité qui enveloppe les poissons sans écailles », il n'y a qu'un pas, vite franchi pour que l'on apprenne que les Esquimaux « sont la seule nation où l'on ait observé que les mères lèchent leurs enfants nouvellement nés, à l'instar de quelques animaux quadrupèdes ». Le meilleur reste encore à venir puisque :

« Ce qu'il y a encore de frappant dans la complexion de ces barbares, c'est l'extrême chaleur de leur estomac et de leur sang ; ils échauffent tellement, par leur haleine ardente, les huttes où ils s'assemblent en hiver, que les Européens s'y sentent étouffés, comme dans une étuve dont la chaleur est trop graduée ; aussi ne font-ils jamais de feu dans leur habitation en aucune saison, et ils ignorent l'usage des cheminées, sous le climat le plus froid du globe.

« Tous les individus qui appartiennent à la famille des Esquimaux se distinguent par la petitesse de leurs pieds et de leurs mains, et la grosseur énorme de leurs têtes ; plus que hideux au jugement des Européens, ils sont parfaitement bien faits à leurs propres yeux, quoiqu'ils aient la face plate, la bouche ronde, le nez petit sans être écrasé, le blanc de l'œil jaunâtre, l'iris noir et peu brillant. Leur mâchoire inférieure dépasse celle d'en haut, et la lèvre en eſt aussi plus grosse et plus charnue, ce qui défigure étrangement leur physionomie, et imprime même aux jeunes gens un air de vieillesse; leur chevelure eſt d'un noir d'ébène, d'un poil rude et droit; mais ils manquent, comme tous les Américains, de barbe, tant aux lèvres, qu'à la circonférence du menton; et quand, dans un âge très avancé, il leur en naît quelques épis, il les épluchent.

« Les femmes, plus laides, plus petites encore que les mâles, ne sont guère élevées que de quarante-sept pouces. Elles se tracent sur le visage, sur les mains et sur les pieds des lignes noires avec un fil graissé de suie de lampe, qu'on tire, par le moyen d'une aiguille fine, entre l'épiderme et la peau, où il dépose une empreinte ineffaçable. Leurs mamelles sont si longues et si flasques, qu'elles peuvent allaiter, sans peine, au-dessus de l'épaule: cette difformité, que l'on retrouve parmi tant d'autres peuples sauvages de l'Amérique et de l'Asie, eſt purement faĉtice, et provient de ce que les enfants, qui y tètent pendant cinq à six ans, et toutes les fois que l'envie leur en prend, tirent fortement le sein de leur mère, le fatiguent, et grimpent même contre les hanches, pour en saisir le bout; cette tension continuelle amollit et allonge la forme naturelle des mamelles, dont l'aréole eſt, dans les Groenlandaises et les Esquimaudes, d'un noir de charbon. »

De ce genre de littérature, je pourrais citer des pages et des pages encore, tant il eſt vrai que les Esquimaux ont pris la relève, dans l'imagerie de tous, des inquiétants Peaux-Rouges de l'Amérique septentrionale. Et le génocide de ceux-ci accompli en même temps que la destruction de leur habitat naturel, que restait-il au Blanc sinon les espaces du Grand Nord à occuper, ce à quoi il s'employa dès le début du dix-huitième siècle, utilisant les mêmes astuces et faisant montre du même mépris : comme le Huron, l'Abénaquis ou l'Iroquois, l'Inuk ne représentait aux yeux de l'homme blanc qu'une manière de sous-homme à exploiter sans vergogne, dans la bonne conscience du colonisateur. Et c'est ainsi qu'entre 1730 et 1800 seulement, la population esquimaude passa de 30 000 à moins de 7 000 individus, à cause, notamment, de la petite vérole. Bien que décimé, le peuple esquimau ne rendit jamais les armes et s'enveloppa, pour ainsi dire, dans la dureté de son climat afin de maintenir les coutumes ancestrales et de faire échouer la spoliation que partout l'homme blanc avait apportée.

Et c'est ainsi, dans le malgré tout de l'homme blanc, que l'Inuk a survécu, ne se donnant vraiment à personne. Pouvait-il en être autrement quand on sait qu'en esquimau *Inuk* veut dire *l'homme*, c'est-à-dire toute l'exigence de la vie et de ce qui peut provenir d'elle quand, pour avoir mis des siècles à l'apprivoiser, on peut vivre vraiment d'elle, dans une autosuffisance telle qu'elle est à proprement parler exemplaire puisque, venue du grand bagage commun de l'expérience, elle se trouve à être comme inscrite dans la peau même ?

Voilà, entre autres choses, ce qui fait la grandeur du peuple esquimau. Et voilà aussi ce qui donne à *Agaguk*, à *Tayaout* et à *Agoak* de Thériault tout leur prix, ce dont il convient de parler maintenant, mais non sans qu'auparavant, afin de faire devenir limpide mon propos, je fasse une courte digression.

C'est que, pour habiter un grand pays, un pays au fond bien plus vaste que nous-mêmes, nous ne connaissons rien de lui, que sa facilité venue des images à nous imposées par tous les pouvoirs. Et pourtant, pour se rendre compte que rien de tout cela n'est vrai, il suffit de voyager de Montréal à Fredericton, et de Fredericton à Sackville, et de Sackville à Halifax, et de Halifax à Charlottetown, et de Charlottetown à Louisbourg — car alors, l'espace du pays vous saute pour ainsi dire dans la face, et cela n'a plus rien à voir avec ce que vivaient les premiers habitants, une existence dure mais se faisant dans la souveraineté. Car partout, ce pays n'est plus que tourisme, cette violation extrême du paysage conçu comme banlieue des grandes villes, de sorte que n'importe quelle beauté sauvage ne devient plus que le prolongement du quotidien, électrifié pour que le soir, sous les grands arbres, on puisse entendre, devant le feu de camp, la radio *new wave* ou voir, sur le petit écran, le baseball des Expos. Et tous ces guides costumés dans le brun pâle fédéral débitant à cœur de jour les sornettes apprises, même à Louisbourg, jadis pays français et maintenant corporation nationale, dans la représentation frauduleuse de ce qui a été mais n'est plus, c'est-à-dire la réalité. C'est pourquoi les soldats français parlent anglais et que les sauvages micmacs ont l'air de sortir tout droit d'une carte postale. Ainsi est la vie blanche: quand il ne reste plus rien, surtout pas l'apprivoisement du paysage, on invente la représentation, dans une manière de théâtre débile qui ne dit que nos insuffisances.

En un sens, je crois bien que c'eſt là l'une des premières symboliques d'*Agaguk* – ce douloureux passage, dans l'écriture, du peuple esquimau menacé dans ses traditions par l'homme blanc, et à la croisée des chemins. Car que nous eſt-il raconté dans ce roman, sinon le choix que fait d'abord Agaguk, celui de quitter la tribu pour monter plus haut dans les terres blanches, afin de s'y établir avec sa femme, dans l'an premier du monde, celui de tout véritable Inuk? Et qu'eſt-ce donc que le véritable Inuk, si ce n'eſt celui qui fonde parce que, seul possesseur de la vraie vie, il eſt en mesure d'y faire face et d'y répondre, en sachant bâtir son igloo, en sachant chasser pour que, la survie enfin assurée, le fils puisse venir afin que s'agrandisse le grand rêve, celui qui s'émeut dans tout homme, à savoir cette liberté première parce qu'elle ne procède d'aucun autre pour venir de sa propre suffisance, de ses forces vives et de tout ce que l'œil et le bras savent marquer pour avoir été reconnus, depuis des millénaires, par tous ces autres qui, n'ayant pas voulu mourir, ont habité pleinement le paysage?

Pourtant, Agaguk eſt fils de chef, ce qui, de ce seul fait, pourrait assurer son avenir. S'il s'y refuse, et deux fois plutôt qu'une, quelles sont donc les raisons qui l'y forcent? Elles ne dépendent pas de lui, mais des exigences de la race, de tout le passé qui l'a pour ainsi dire engrossé, faisant des Inuit un peuple rebelle, ce que Ramook, le père d'Agaguk, ne peut véritablement comprendre parce qu'il eſt cupide et s'imagine, en fin matois qu'il croit être, que la magie de l'homme blanc ne prévaudra jamais contre lui. Or, c'eſt cela même qu'Agaguk ressent au plus profond de lui-même — que la rébellion, pour s'incarner vraiment, doit devenir un archétype: dans le formidable espace du Grand Nord, que les Blancs survolent déjà dans leurs oiseaux de métal afin de mieux le dominer, la tribu ne peut plus avoir de sens puisqu'elle eſt enveloppée par ce qu'ailleurs on nomme le progrès: un petit poêle pour l'igloo, une lampe et le pétrole qui vient avec, le fusil et les balles échangés pour des pelleteries, aussi bien dire cette mise en dépendance dans laquelle basculera entièrement le peuple inuk.

Pour y échapper, Agaguk fuit, ce qui fait de lui un héros au même titre que l'Achille d'Homère, et un rebelle pour ainsi dire total, incapable de *raisonner* puisque tout cela vient de bien ailleurs que du raisonnement — de la vie profonde et de ce qu'il y a de suprêmement exigeant en elle. D'où la première crise d'Agaguk, quand l'énorme tempête balaie le paysage et que lui, devenu comme fou, de la bave à la commissure des lèvres, s'écrie: «Le vent! Il eſt plus fort que moi! Rien ne doit être plus fort que moi!» Et d'où aussi la deuxième crise, qui survient lorsque Agaguk, revenant de la chasse, surprend Iriook, la femme qu'il a enlevée à la tribu, en train de pleurer. Cette immensité du grand désert blanc, ni Iriook ni Agaguk ne sont vraiment capables de l'assumer seuls puisque la solitude du héros et du rebelle, conçue comme un archétype, demande trop. Comment s'en sortir alors, sinon par cela même que fait Agaguk, par cette rage hyſtérique qui s'empare de lui, survenue de son impuissance, et qui le force à battre, de ses pieds et de ses poings, à coups furieux, sa femme Iriook, jusqu'à ce qu'elle tombe inanimée?

Ainsi eſt le rebelle et le héros dans son archétype: la tribu délaissée vit en lui bien qu'elle ne puisse plus le faire vivre, et c'eſt pour cela même, afin que la vraie tempête survienne, qu'Agaguk tue le trafiquant-exploiteur, parce que tout doit être ainsi: aucun retour possible vers la tribu du père quand déjà elle a donné son âme au diable blanc, même si, en principe, c'eſt pour se jouer de lui.

Le prix à payer eſt énorme pour Agaguk, et c'eſt celui de l'hyſtérie qui, encore une fois, s'empare de lui quand sa femme Iriook, en train d'accoucher, laisse voir son vagin qui, pareil à une gueule, s'ouvre monstrueusement. Alors Agaguk, écrit Thériault,

«... se rua sur Iriook, la jeta par terre sur la glace humide. Il la roua de coups de pied et de coups de poing, cherchant ainsi à tuer la douleur, à l'obliger à fuir le ventre de la femme. Et tout ce temps, Agaguk hurlait comme un déchaîné et ses cuisses se mêlaient à celles d'Iriook qu'il mordait aux bras, qu'il frappait en pleine figure. Le sang giclait des lèvres tuméfiées. Puis, brusquement, la femme eut une convulsion de tout le corps, elle poussa un dernier hurlement qui se perdit en un long sanglot étouffé. Sa voix implorante se répercuta dans l'igloo: «Il eſt sorti! criait-elle. Tu ne vois donc pas? Il n'eſt plus dans mon ventre! Il eſt sorti!»

Ce triste et superbe Agaguk qui, parce qu'il a quitté la tribu, doit, en homme seul, assumer tout ce qui, jadis, relevait de l'organisation profonde de la collectivité. Inutile de dire qu'Agaguk ne s'en remettra jamais, peu s'en faut: Tayaout aura beau être sain et fort, rien ne sera racheté pour autant; demeureront toujours la férocité du paysage et celle des bêtes représentant les lois immuables, bien que non écrites, de la tribu, de sorte que le rebelle n'en aura jamais fini avec rien. C'est ainsi que le grand loup blanc apparaît, comme le symbole de la force dans toute son étrangeté, et Agaguk n'a pas le choix, il doit se battre contre lui, surtout parce qu'il sait qu'il lui faut *devenir autre*: cet homme à qui, à cause de la rage du loup, il va manquer désormais le nez et une partie des joues.

C'est à mon avis la scène capitale d'*Agaguk*: défiguré par le grand loup blanc, le héros peut accéder ainsi à l'épique, cette sauvagerie sans limites qui va lui permettre de se confondre vraiment au paysage, de l'habiter sans plus aucun détour. Et cette défiguration a aussi un autre sens puisqu'elle autorise les gens de sa tribu, et son père même, à ne plus *le reconnaître*, ce qu'au départ Agaguk désirait plus que tout. Il n'a donc pas tué le trafiquant-exploiteur blanc, et rien ne saurait le punir pour un acte non commis *réellement* puisque provenant de l'ordre étranger des Blancs. Voilà la ruse esquimaude dans ce qu'elle a de plus totalisante: le grand loup blanc, en lui mangeant le nez et les joues, légitimise Agaguk dans tout son être et déclasse à jamais le père, trop cupide et trop lâche pour engager le grand combat loyal contre son fils. Pour n'y avoir rien compris, Ramook sera donc pendu par les Blancs à la place d'Agaguk. Et pour avoir tout compris, Agaguk se verra offrir le commandement de la tribu, ce qu'il refusera. Dorénavant, et à cause de ce qu'il lui est arrivé avec le grand loup blanc, comment pourrait-il trahir ? Et qui pourrait-il trahir, si ce n'est lui-même, sa femme Iriook et son fils Tayaout maintenant qu'il n'a plus de joues et de nez, ce qui, après les yeux, est la possession la plus nécessaire de l'Inuk car sentir et savoir sentir, n'est-ce pas par cet acte assurer la survie ?

On voit déjà la suite, qui marque bien l'importance de l'hystérie d'Agaguk dans la première partie du roman. Comme l'a bien démontré Freud, l'hystérie ne vient pas de n'importe où et pour n'importe quelle raison ; elle arrive chez un individu quand il n'y a plus de conciliation possible entre sa prétention à être et la prétention que les gens de son clan n'arrivent pas à assumer. D'où la fulgurance des crises répétées, qui, dans le meilleur des cas, ne peut amener qu'à l'art. Or, qu'arrive-t-il donc à Agaguk une fois qu'il a refusé, son père étant mort, de *diriger* à sa place ? Rien de plus que la manifestation la plus extrême de l'hystérie, celle de vouloir devenir un artiste et, par cet acte, immobiliser le mouvement (qui, pour le héros, ne peut être que Tayaout). Et cela, dans *Agaguk*, s'écrit ainsi :

« Assis avec Iriook ce jour-là, tentant de chasser de son âme le drame qui venait de se dérouler, Agaguk songeait qu'un jour il pourrait lui aussi porter des pierres dans l'igloo et, durant les grands blizzards, s'occuper à les ouvrer. Il aimait tout à coup ce rêve qui l'occupait, le distrayait des remords et de ce qui s'était passé depuis quelques heures. Il pouvait s'évader en ce projet, le bien réfléchir et le mûrir. Ne choisissait-il pas de l'œil justement le roc qu'il porterait au-dedans et dans lequel il taillerait?

«Il ferait Tayaout dans cette pierre. Il sculpterait son visage, son corps. Il le ferait nu, les muscles durs, le torse projeté en avant, les mains tentant de saisir... Déjà, dans sa tête l'œuvre s'élaborait. Plus tard, quand Tayaout serait homme, une image resterait de l'enfant qu'il avait été.»

C'est à dessein que je reprends cette partie de la dernière phrase: ... *une image resterait de l'enfant qu'il avait été.* Car Agaguk n'est pas sans le savoir: un jour viendra où son fils exigera de lui ce grand combat loyal qu'il ne pourra pas ne pas gagner car c'est ainsi, depuis l'origine des choses, que tout se passe: les fils venus de l'hystérie n'ont pas le choix, sauf celui de s'assumer par l'art. Voilà donc pourquoi Agaguk s'écartèle dans le comble de son hystérie, même quand elle paraît douce: ayant refusé d'être la *paternité collective* (parce que déjà elle ne saurait être autre chose que sujétion), et un fils lui poussant désormais dans le dos, il voudrait ne rien abandonner parce que, héros et rebelle, il se doit d'être tout: l'immanence et la pérennité de l'immanence.

C'est malheureusement au-dessus des forces de n'importe quel homme et c'est sans doute pourquoi *Agaguk* se termine avec comme une grande blessure de ce côté-là: l'artiste chez Agaguk se résorbe et, en même temps que lui, l'Inuk ancestral; et le prix à payer pour le meurtre du trafiquant-exploiteur est un inquiétant marchandage à quoi l'oblige Iriook en mettant au monde une fille et en forçant littéralement Agaguk à accepter qu'elle vive, ce qui est une atteinte énorme aux lois non écrites de l'Esquimau. Aussi, lorsque le roman s'achève enfin, c'est donc la vie qui l'emporte, mais ce n'est déjà plus celle d'Agaguk ni celle de l'Inuk archétypal.

Dans cet éclairage, *Tayaout* donne tout son sens, en ce qu'il reprend, en quelque sorte, la trame déjà tissée dans *Agaguk*, pour la faire éclater dans une violence si extrême que force est de reconnaître que, dans toute la littérature québécoise, il y en a peu de semblables à elle. D'abord, situons les choses. Quand s'ouvre *Tayaout*, plusieurs années ont passé depuis la naissance des jumeaux qui, dans *Agaguk*, met fin à l'histoire. C'est donc dire que Tayaout est maintenant un homme fait. Et c'est dire aussi que la vie de l'Inuk a bien changé par rapport au passé d'*Agaguk*, ce que Thériault décrit ainsi, avec une tristesse certaine que charrie ce lyrisme presque à fleur de mots tant il se retient pour ne pas déborder partout:

«Agaguk travaille pour les Blancs désormais, Iriook aussi; lui, selon la saison, elle, jour après jour, quels que soient la couleur ou le climat.

«Désormais, ils sont là, des centaines, Esquimaux des îles et des grandes plaines, gens de la toundra, gens du muskeg et même gens des arbres venus du bas-Labrador. Ils se sont rassemblés autour d'un poste, de deux missions, catholique et anglicane, et d'une unité sanitaire. Ils besognent tant bien que mal; l'important, maintenant ils mangent. On chasse le phoque en grande barque à moteur, on trappe en groupe et sur de bonnes lignes bien peuplées. Quand la carcasse est rare et le phoque au lointain de son périple, on peut travailler pour le Ministère et se procurer, au magasin, le suif, le saindoux, la farine, les conserves de bœuf mariné, les pièces de pemmican, le poisson saur ou salé.

« Finies les grandes disettes d'autrefois, quand manquaient, semaine après semaine, les gibiers de la mer et de la terre. Il n'y a pas si longtemps, on laissait mourir, durant ces ères difficiles, ceux des vieux ne pouvant plus participer aux chasses et aux travaux. Et l'on ne gardait des filles à la naissance qu'un nombre congru pour la reproduction.

« Or, sont venus les Blancs et l'on n'a tout d'abord rien fait pour diminuer les famines, et rien fait pour éviter cet émondage des rameaux d'une tribu. Mais peut-on, avec la seule science des Blancs, qui ne vaut guère mieux que l'ignorance en pays polaires, repeupler et ranimer les terres bréhaignes de neige et de glace, où vivaient les ptarmigans et n'y vivent plus, où couraient les renards et chassaient les ours, devenus rares comme haut soleil ? »

En quelques paragraphes, tout le décor est planté avec maîtrise afin que l'on sache qu'il n'y a plus rien à attendre d'Agaguk maintenant qu'il travaille pour les Blancs, comme tous ceux de son village. Ne reste plus que Tayaout, le fils, qui ne cherche par à deviner les vies anciennes parce qu'il les sait présentes en lui, et à un point tel qu'un beau matin il ne peut pas faire autrement que de quitter le village pour partir vers l'Étoile femelle, vers le sens des pistes, vers les glaces et vers la solitude, comme son père a fait jadis, à cette différence près toutefois qu'Agaguk ne voulait qu'habiter le paysage alors que lui, c'est tout autre chose qui le pousse, c'est-à-dire ce besoin lancinant de la connaissance initiatique.

Ce n'est pas pour rien si, sur son chemin, Tayaout rencontre un énorme ours blanc qui lui déchire l'épaule avant de s'enfuir mystérieusement. C'est que le héros, pour naître, doit *s'éprouver*, par la fatigue, le questionnement et la mutilation, qui est la marque de la Bête sur soi, aussi bien dire la marque de l'Esprit. Ce n'est qu'une fois cela accompli que Tayaout, rendu à la Grande Banquise, ce dos de la Terre et son sommet, peut découvrir pourquoi il lui a fallu, dans la solitude, aller aussi loin: c'est que là, dans cette île du fin bout des choses, est la pierre, la pierre aux veinules blanches et à la masse verte comme mer de juillet, la pierre ancienne qu'autrefois «les Inuit formaient patiemment en lampes immortelles, dont jamais la flamme ne s'éteignait, cette flamme qu'on portait d'une halte à l'autre dans le pot de même pierre, qu'il était du devoir de toute femme de garder comme sa vie, comme ses yeux, comme le cœur battant en elle, comme la langue dans sa bouche et la vie croissant dans ses entrailles».

Une fois la pierre trouvée, Tayaout, tout d'une traite, file vers sa fin. Semblable à Prométhée qui a donné le feu aux hommes, il fait don à la tribu de la pierre ancestrale. De plus, il lui enseigne à la sculpter comme jadis le faisaient les gens de sa tribu, afin que le temps des *idoles* recommence et, avec lui, la fierté et la dignité nouvelles, seuls remparts valables contre l'appropriation de la vie esquimaude par l'homme blanc.

Comme dans les grandes tragédies grecques, tout don que fait le héros aux siens ne peut qu'aboutir au sacrifice. C'est ce qui arrive lorsque Tayaout retournant vers la Grande Banquise, son père Agaguk commet l'ultime sacrilège en vendant la première sculpture fabriquée par le fils à un marchand blanc. Cette dégradation totale du héros de l'an premier, cet avilissement pathétique d'Agaguk, comment ont-ils pu venir? «De la faim», dit-il trop simplement pour se justifier. En fait, Agaguk cache l'essentiel: si c'est bien la faim qui le fait trahir encore une fois, ce n'est toutefois pas celle du corps; c'est celle de son esprit. En revenant habiter au village pour travailler sous les ordres des Blancs, il a mis fin au passé archétypal, il s'est littéralement tué, ne laissant plus voir de lui qu'une enveloppe vide, rejoignant ainsi, au détour des années, son père lâche et cupide. Quel retournement!

Comme de bien entendu, c'est ce retournement qui est au cœur de toute la fin de *Tayaout* puisque, une fois le fils revenu de la Grande Banquise, que pourrait-il bien se passer sinon l'assassinat du père? Face à son géniteur, Agaguk n'avait pu engager le combat parce que ce dernier le lui avait refusé. Tayaout n'aura pas le choix: la trahison de son père ne peut se laver que dans le sang. Aussi prend-il son fusil, l'épaule-t-il et, froidement, décharge-t-il l'arme en plein visage d'Agaguk. Pour ce héros ravalé au rang de la mécréance par l'ours, Agaguk meurt sans même garder ce qui lui restait de visage. Peut-il en être autrement quand, pour avoir voulu être tout, l'on n'est plus rien, même pas de *la conscience nue?*

Après le meurtre du père avalisé par Iriook, Tayaout est sans remords: ce qui devait être fait l'a été, voilà tout. Mais c'est trop simple et cela serait sans compter avec l'esprit des lois non écrites, aussi bien celles de la tribu que celles de la nature. Et puis l'ours veille. C'est là sa tâche: ce qui se symbolise par lui, c'est l'âme inuk, en quelque sorte le Grand Manitou de l'espace blanc, celui qui est au-dessus et en dessous de tout. Face à l'ours, Tayaout n'hésite pas davantage qu'il n'a hésité pour son père: il vise soigneusement la Bête, presse sur la gâchette... mais le coup ne part pas. Alors l'ours s'abat sur lui et, comme écrit Thériault, «on ne trouva pas assez de chairs de Tayaout pour leur donner sépulture». Et, dernier détail d'importance, les restes de Tayaout vont rejoindre ceux d'Agaguk, dans la même fosse. Rien que de normal au fond: les deux ont manqué aussi désastreusement l'un que l'autre à leur mission face à la pérennité inuk; l'habitation du paysage (Agaguk) et l'art (Tayaout) ne sont plus possibles puisque le grand Livre des règlements esquimaux a été aboli dès le moment où l'homme blanc a envahi le territoire pour faire éclater la vie traditionnelle et déporter très loin l'an premier du monde, le rendre impossible et y faire apparaître l'hystérie, c'est-à-dire l'an dernier du monde.

Et c'est dans la foulée de cette évolution que naît Agoak, petit-fils d'Agaguk, bien installé dans le monde blanc comme employé de banque, avec Judith, une fille de sa race. Agoak paraît plus blanc que le Blanc en ce qu'il maîtrise la technologie et qu'il est promis à un bel avenir blanc. Ainsi le veut le progrès fédéral : apprivoiser l'Esquimau, lui faire apprendre la langue du colonisateur, l'employer dans ses industries, lui faire consommer ses produits afin de le faire devenir autre, c'est-à-dire folklore, c'est-à-dire rien. Agoak accepte tout cela jusqu'au jour où, Judith étant violée par des hommes blancs, il entre en état de fureur, tue et, pour échapper à la justice, s'enfuit avec Judith, reprenant après Agaguk et Tayaout la quête désespérée. Agoak n'hésitera devant rien pour s'approprier le sommet du monde et, pourrait-on dire, il ne lui sera pas fait de cadeau non plus : l'ours lui livrera une prodigieuse bataille qu'Agoak, bien que mutilé, gagnera. Et c'est ainsi, souvent dans l'hystérie, qu'il redeviendra véritablement inuk, rusé, méchant, terrible pour Judith puisqu'il faut bien que le cercle se referme, que l'an premier et l'an dernier du monde se cristallisent en lui, pour en faire l'archétype qui, en lui-même, confondra ensemble passé de la tradition et futur de la tradition, c'est-à-dire encore la rébellion totale et l'assumation totale de l'être inuk. Agoak va y arriver lorsque Judith accouche d'une fille et qu'il lui fracasse la tête avec la crosse de son fusil. S'il ose cet acte qu'avait refusé d'accomplir Agaguk, c'est qu'il n'a plus le choix : il faudra désormais vivre dans le temps qu'il y avait avant la naissance de Tayaout et avant celle d'Agaguk, dans de la fuite éperdue, vers le sommet de la Terre, avec hargne, dureté mais liberté. C'est à ce prix que l'on retrouvera l'archétype et son pouvoir totalisant, c'est-à-dire l'Inuk, seul homme authentique parmi les hommes.

À la vérité, ce sont là pour nous des livres essentiels. En les relisant ces jours-ci, je me suis demandé pourquoi ma fascination n'y avait toujours pas de baisse, peut-être en définitive à cause du langage, cette langue brutale, pour ainsi dire carrée (particulièrement dans *Agaguk*), qui ne s'écarte jamais de son propos et ne s'embourbe pas davantage dans les détours. Que voilà une poésie rude mais puissante et éminemment bien adaptée au Grand Nord, à l'inclémence des températures, aux grandes bourrasques neigeuses, aux blizzards, aux banquises et aux bêtes énormes. Encore là, Thériault, pour raconter la vie de l'homme archétypal, a su inventer un langage qui, en tous points, lui convient: de courtes phrases toutes simples, mais dans lesquelles on retrouve tous les pouvoirs de l'évocation. Et c'est pourquoi, même s'il n'avait écrit qu'*Agaguk, Tayaout* et *Agoak*, Thériault n'en serait-il pas moins l'un de nos grands écrivains.

À mon avis, il a fait mieux encore en écrivant *Ashini*, ce tout petit roman qui raconte l'histoire de ce Montagnais de la Côte-Nord au moment où il vient de perdre sa femme et ses deux fils, l'un noyé dans le lac glacé et l'autre tué dans le dos par un Blanc. C'est d'abord à sa femme que songe Ashini et c'est là un impressionnant commencement de livre, et comme j'aimerais être capable d'en écrire moi-même de semblables:

«Quand elle fut morte, j'ai lié sa jupe aux chevilles. J'ai attaché ses mains qu'elles ne ballent point. Puis du tronc des bouleaux proches j'ai déroulé de longues lanières d'écorce dans lesquelles j'ai enseveli le corps flasque et encore tiède.

« Avec mes mains et mon couteau j'ai creusé au pied d'un grand pin la couche d'aiguilles et la terre meuble.

« Une fosse en ouest pour que la femme sache voyager tout droit vers le pays des bonnes chasses.

« Sur le tronc du grand pin, j'ai gravé le signe du repos. »

Tout le livre est écrit dans cette langue de la belle ouvrage, par petits morceaux qui, assemblés les uns aux autres, forment une courtepointe d'images et d'émotions qui sont pour ainsi dire l'envers même d'*Agaguk*: pas d'hystérie et pas de violence, que ce sang qui coule lentement pour dire les choses essentielles, la vie montagnaise quand le pays était libre, les bêtes nombreuses et chassées selon les règles, les ballots de belle fourrure, les rivières tranquilles dans le paysage connu et les hommes heureux, occupés à ne vivre que la libre vie sauvage. Tout cela qu'a vécu Ashini jusqu'à la mort de sa femme et de ses deux fils, ce qui s'écrit ainsi:

« Il m'est arrivé ce qui arrive à tous ceux de mon genre. J'ai tiré ma vie de la forêt, j'y ai pris femme et enfanté des petits et nous avons erré à la suite des migrations de bêtes, à la suite des crues saisonnières, au gré des vents, de la neige et du soleil, pour atteindre finalement le terme dévolu à chacun de nous. »

Aussi Ashini pourrait-il bien mourir comme il a vécu que l'histoire garderait toute sa beauté. Cela serait compter sans l'exigence nouvelle qui vient au héros, et qui est de rendre aux Montagnais ce qui appartient aux Montagnais, que les Blancs leur ont enlevé, pour s'y établir à leur place, faisant cracher bien haut dans les airs les cheminées d'usine, modifiant le cours des rivières, les polluant et y faisant fuir le poisson. Les forêts ont subi le même sort, et le gibier aussi. Et quant aux Montagnais, jadis maîtres incontestés du territoire, il ne leur reste plus que cette mince bande de terre qu'il y a entre les Mangeurs de viande crue (les Esquimaux) et les Blancs plantant partout des villes. Ashini voit bien que, tôt ou tard, il n'y aura plus rien. C'est pourquoi, avant de mourir, il voudrait assurer à son peuple un territoire définitif, dans lequel il pourrait vivre en usant de ses libertés, de sa langue et de ses traditions. En quelque sorte, le voilà devenu messie et sauveur. Curieusement, ce n'est pas à son peuple qu'il s'adresse d'abord, et c'est là l'étrangeté du roman de Thériault: pas une seule fois Ashini n'essaie de faire partager aux siens le grand rêve qui l'habite désormais. Il rend plutôt visite à l'agent des Affaires indiennes, à qui il demande à voir le grand chef blanc. S'étant sacré chef lui-même, Ashini ne démord pas de sa logique: les chefs ne doivent répondre qu'aux chefs, et d'égal à égal. C'est l'atavisme qui fait ainsi agir Ashini et, je l'ajoute tout de suite, la naïveté aussi. S'imaginer que le grand chef blanc va venir d'Ottawa dans son grand oiseau de métal pour parlementer avec un Montagnais qui lui écrit des messages avec son sang même, quelle erreur! Et d'autant plus que l'agent des Affaires indiennes jamais ne les envoie au grand chef blanc, ce qu'ignore toutefois Ashini s'enfermant dans le cercle qu'il a créé et qui, bientôt, va finir par le crucifier sur la croix du suicide:

« J'ai accroché, au sommet du poteau de bois blanc, la bride du harnais d'aisselle que je m'étais fabriqué.

« Ainsi suspendu, mes pieds ne touchaient que difficilement le sol, et je ballais au vent du matin.

« Puis, avec mon couteau, j'ai tranché l'artère de mon poignet droit, et vitement ensuite celle du poignet gauche.

« En un flot rapide, dans le matin blême, toute la vie s'est écoulée de mon corps. »

Par cette mort pleinement assumée, Ashini, non seulement rejoint Agaguk, mais va bien au-delà: il marque la fin de la pureté de la vie amérindienne, et la fin de sa souveraineté. Après Ashini, le Montagnais aura beau revendiquer et négocier, ce qu'il adviendra de lui est déjà clair: il n'aura désormais de liberté que celle que daignera lui accorder l'homme blanc. Peut-être Ashini l'a-t-il ressenti profondément et peut-être est-ce pour cela qu'il s'est ainsi offert en victime propitiatoire, pareil au Christ, sans prêcher la rébellion ni la violence, convaincu à tort que la volonté tranquille d'un homme peut tout changer, par la grande poésie qui s'est mise dedans.

Il me semble, en tout cas, que cette problématique est au cœur d'*Ashini* et qu'elle a suffisamment taraudé Thériault pour qu'à ce roman il éprouve le besoin d'ajouter *N'Tsuk*, ce récit d'une vieille Montagnaise centenaire qui pourrait être la femme de l'autre tant ce qu'elle dit se situe dans la même perspective — la vie montagnaise avant l'homme blanc, le quotidien des choses, les mille et un petits faits d'armes de l'existence sauvage: descendre les longues rivières ou les remonter, chasser le gibier, mâcher les peaux, bâtir les wigwams, mettre les enfants au monde, cela même qui constitue le fond de la vie et sa plénitude. Sauf que, pas plus dans *N'Tsuk* que dans *Ashini*, tout cela ne peut plus se conjuguer au présent car tout cela dont il est parlé n'est plus possible. Si pour Agoak existe encore la possibilité de recréer l'an premier du monde, il n'en va pas de même avec le Montagnais. Si importants dans *Agaguk*, Tayaout et Agoak, les enfants, dans *N'Tsuk* et *Ashini*, ne sont qu'évoqués, parce qu'ils sont déjà morts au moment où l'histoire commence, ou parce qu'ils se sont fondus au paysage, Amérindiens parmi tant d'autres, ou transfuges dans le monde des Blancs.

C'est pourquoi, contrairement aux romans esquimaux qui donnent la parole à la descendance, les récits montagnais de Thériault nous font entendre les voix des patriarches: les ancêtres sont là, mais comme dans le vide, puisqu'ils ne laissent pas de fils véritables devant eux, seulement des métis, ce qui rend toute quête de recommencement impossible.

C'est encore là une symbolique qui a fort préoccupé Thériault et dont il rend compte dans *La quête de l'ourse*. Je rappelle rapidement le nœud de l'histoire pour que l'on sache de quoi il s'agit. Né d'un père montagnais et d'une mère mi-otchipwée mi-française, Antoine Régis est un métis qui, écrit Yves Thériault, *affirme la race*: il a le corps mince, la tête trop ronde, l'œil petit et brillant, et le cheveu gras. Il habite avec les siens dans le petit village de Saint-François et, à l'école, préfère la vie dans les bois, la chasse et la pêche. Une jeune villageoise, Julie Bastien, qui lui apprend à lire et à écrire, tombe amoureuse de lui et le suit dans les bois où elle est attaquée par une ourse qui la mutile. Méprisant pour le sauvage, le père de Julie Bastien chasse Antoine et envoie sa fille au couvent. L'amour ne meurt pas entre les deux, de sorte qu'un jour la fille va retrouver son homme dans la forêt et se met à vivre la même vie que lui, apprenant les rudiments de la langue montagnaise, de même que le riche héritage amérindien. Mais l'ourse qui l'a mutilée rôde toujours autour de la cabane, comme une force maléfique : épousant la femme blanche, Antoine ne se rend-il pas coupable, vis-à-vis de lui et des siens, de trahison ? Et n'est-ce pas pour cette raison que l'ourse guette et veille, pour le lui rappeler avec insistance ?

Il faudra toutefois beaucoup de temps à Antoine pour se faire une idée juste là-dessus. Pour tout dire, il sera essentiel que la fille fasse d'abord une fausse couche puis mette au monde un enfant mâle mort-né pour que tout devienne limpide : en partageant son monde avec une Blanche qu'il aime, Antoine a insulté les dieux montagnais. Face à cela, pas de rémission possible. Julie Bastien s'enfuit donc à Québec où elle devient serveuse dans un restaurant et la maîtresse d'un gigolo. Et Antoine, qui ne peut vivre sans elle, part à sa recherche, apprend tout, et en a tant de ressentiment qu'il est absolument désespéré tant que Fernande, l'amie de

Julien, ne lui explique pas qu'au fond tout cela n'eſt qu'un gigantesque malentendu: Julie l'aime plus que tout au monde, au point qu'elle eſt même retournée dans la forêt pour l'y retrouver et être heureuse avec lui. Apaisé, Antoine court vers sa cabane, la tête pleine de rêves d'amour. Ce qu'il y découvre eſt pire que tout: avant qu'il n'arrive, l'ourse eſt venue et a tué Julie. Alors comment ne pas se venger? Antoine sillonne la forêt, poursuit l'ourse et, à mains nues, se bat contre elle, y met tant de désespoir qu'il en vient à bout, conscient toutefois que, par cet aĉte, il met fin à son rêve, qui n'était que celui de ses ancêtres. Désormais, il sera seul, inatteignable dans sa douleur, pareil à un golem dans le vieux pays des chasses ſtériles. Sa quête de l'ourse ne pouvait pas ne pas se terminer autrement: en tuant la Bête, c'eſt la transparence de la Loi que, d'un seul coup, il l'a occultée. Et sans la Loi symbolisée dans l'animal sacré, que pourrait bien être la vie sauvage sinon ce qui se blanchit et, par cela même, devient dérisoire?

Comme on voit, les suites esquimaude et montagnaise de Thériault laissent peu de place à l'avenir. Bien au contraire, elles sont les œuvres presque insupportables de la déchéance, ce qui arrive quand l'âge d'or, trop loin dans le temps, ne peut plus être rejoint et qu'en plus il s'eſt métamorphosé en ce présent qui eſt l'envers même de la vie. Les mythes sont derrière, dans l'autre monde, et de vouloir seulement s'y reconnaître, c'eſt déjà avouer l'échec et s'y mutiler à jamais — cette désintégration de l'hiſtoire qui ne peut aboutir qu'à l'exploitation exacerbée de l'anecdote au détriment de l'archétype. Yves

Thériault s'y est toujours refusé, même dans *Mahigan* et *Le ru d'Ikoué*, qui mettent fin au cycle amérindien de son œuvre.

On sait que le loup a une importance aussi grande que l'ours dans les ouvrages de Thériault. Par trois fois au moins, l'histoire du premier loup nous est racontée, soit dans *Ashini*, *La quête de l'ourse* et *Mahigan*, et il n'y a pas de différence fondamentale entre les trois versions : à l'origine est Huala, «un jeune loup très habile et très intelligent» qui, un jour, «voit un orignal de grande taille qui buvait le long de la grève. Huala avait faim. Et il savait que d'autres loups dans les parages avaient faim aussi. Tapi dans un fourré, il huma longtemps l'odeur, observa la bête, supputa ses chances».

Convaincu que seul il ne viendra pas à bout de l'orignal, Huala appelle les autres loups à sa rescousse. Pour ce faire, il utilise une ruse, un hurlement comme ceux que poussent les loups mâles pour appeler la femelle. La forêt est bientôt pleine de ces cris, et la première meute rassemblée par Huala se lance à l'assaut de l'orignal pour le tuer.

Huala est donc le père véritable de tous les loups. Pour être attaché à cette légende amérindienne, Thériault imagine *Mahigan* (qui veut dire *loup* en langue crie). Son Mahigan sera double : il y aura d'abord le Mahigan loup et, en même temps, le Mahigan homme, et les deux verront leurs destins se croiser. C'est que les deux se ressemblent comme des frères : très tôt, ils ont atteint à leurs grosseurs, grâce à leur grande intelligence, à leur ruse et à la profondeur de leurs instincts ; et très tôt aussi, les deux savent que bientôt ils seront les chefs de leurs clans respeⅽtifs. Mais le Mahigan loup a ceci de différent du Mahigan homme qu'il eſt tout entier du côté des grandes violences primitives et qu'il hait suprêmement celui qui lui dispute la domination des forêts. Le combat entre les deux ne peut donc pas ne pas se produire. Il viendra une fois le territoire préparé. Alors le Mahigan homme sera le père d'un garçon nouvellement né, tandis que le Mahigan loup verra sa femelle reſter ſtérile. Or, autant pour l'homme que pour le loup, la ſtérilité eſt chose terrible et carrément inacceptable, appelant toutes les vengeances du sang. C'eſt d'abord la femelle qui y songe la première, en allant rôder autour d'Ann'tsouc et de son fils, que, de ses dents, elle rêve de déchiqueter. Elle ne doit pas réussir car, si elle arrivait à ses fins, la vraie vengeance ne serait pas consommée et se résorberait dans un simulacre dérisoire. Seuls les mâles porteurs de semence ont le droit anceſtral à la vraie vengeance. C'eſt pourquoi Ann'tsouc a beau tuer d'un coup de fusil la femelle qui veut s'en prendre à son fils, rien ne sera encore dit pour autant: faudra d'abord que le Mahigan loup égorge Ann'tsouc pour qu'ait lieu l'affrontement entre le Mahigan loup et le Mahigan homme.

Cela se passe sur une grève, ce lieu privilégié des grands combats de Thériault, alors que le soleil monte à l'horizon. Le Mahigan loup et le Mahigan homme s'épient, se jaugent l'un l'autre, éprouvent en chacun d'eux leurs forces. Le Mahigan homme prend bientôt une décision *hyſtérique*: il jette sa carabine et son couteau par terre pour se présenter mains nues devant le Mahigan loup. Thériault écrit:

«Le combat dura jusqu'à ce que le soleil atteigne son zénith. Les combattants luttèrent jusqu'à l'épuisement, ils donnèrent jusqu'à la dernière parcelle d'énergie. Des millénaires de haine entre l'homme et le loup les animaient. La mort de la femme, comme celle de la louve, était passée au second plan, depuis qu'ils s'étaient agrippés pour ne plus se lâcher.

«À midi, lorsque le soleil atteignit son apogée, Mahigan le loup se redressa, haletant et titubant. Il eut un dernier regard pour le cadavre de Mahigan l'homme. Puis, sans le dévorer, il s'éloigna. Il partit dans les taillis lécher ses blessures. Il y resterait, attendant que la chaleur du jour s'atténue pour gravir la colline d'où, à la tombée de la nuit, il rassemblerait de nouveau la meute.»

À tous égards, *Mahigan* est l'un des livres les plus achevés de Thériault: il est peu d'exemples dans son œuvre où, tout à la fois, l'on retrouve ainsi la limpidité du propos, l'utilisation maximale des valeurs fondamentales de l'Amérindien, l'emploi d'une langue absolument maîtrisée et un art aussi consommé de la narration, tout en rebondissements d'intrigues. C'est malheureusement un livre méconnu, dont on ne parle guère souvent et qu'on a lu très peu. Pourtant, c'est lui qui, de Thériault, nous en donne probablement la perspective la plus juste, celle du conteur souverain nous faisant don d'une vision du monde pour ainsi dire définitive, tant elle est bien chef-d'œuvrée dans tous ses éléments. Personnellement, je mets *Mahigan* au-dessus de tout dans l'œuvre de Thériault, avant même *Agaguk* et *Ashini*. C'est tout dire du grand respect que j'ai pour ce livre de beau racontement où traditions orale et imaginaire sont si bien entremêlées qu'il n'y a pas de trous nulle part, et pas de faiblesses non plus. Voilà le grand livre des archétypes, celui des mythes et ce qui fait toujours la puissance des mythes: que, même se détruisant, ils ne constituent encore et toujours que les mythes premiers qui, pareils à une spirale, ne se défont que pour mieux se reconstituer.

Avant de terminer ce chapitre, un mot seulement sur *Le ru d'Ikoué*, cet intense récit d'apprentissage que Thériault écrivit pour chanter l'eau et ce voyage initiatique qu'y fait un jeune Algonquin désireux d'entendre en lui ce qui fait la profondeur de la vieille vie sauvage. Apprendre ce qui fonde l'eau, en devenir pour ainsi dire amoureux et y reconnaître tout ce qui donne à la nature, aux choses, aux bêtes et aux hommes leur prix. Y patauger, y nager, y naviguer, pour que les grands secrets du temps et de l'espace puissent être déchiffrés, afin que les ancestrales lois du clan se mettent à revivre, porteuses de beauté et de générosité. Pour Ikoué, ce n'est pas toujours un cheminement facile car, ayant Thériault comme géniteur, il devra d'abord ne pas comprendre le vieux castor, se battre contre lui avant de se rendre compte de ses erreurs profondes, et de faire la paix avec le monde et lui-même. Entre-temps, la forêt aura brûlé parce que Ikoué a détruit l'habitation des castors, faisant s'assécher les eaux du ruisseau et déclenchant la colère du soleil. Pour tout dire, c'est une belle leçon de choses, qu'Alain n'aurait pas méprisée. Quant à ce qui regarde l'avenir, il n'appartiendra qu'à Ikoué de faire en sorte que le ru de son apprentissage se métamorphose de nouveau en rivière et, qui sait, en fleuve même – et ce sera alors le fleuve de tous les désirs satisfaits, et le grand rut paisible des bêtes et des hommes.

Bien des mots resteraient à écrire encore, tant le cycle amérindien de Thériault a une étonnante luxuriance. J'y reviendrai sans doute un jour, ne serait-ce que pour m'expliquer à moi-même cet autre personnage fabuleux qu'est la femme dans son œuvre. Pour l'instant, je crois avoir dit, en tous les cas pour moi, ce que je trouve d'essentiel dans cette suite de livres qui, pour remonter au grand printemps de la Création, descendent jusqu'à nous, amalgamant tous les morceaux de nos vies collectives, aussi bien dire de notre imaginaire, afin que se jouent les grands combats : combats contre les bêtes sacrées, combats contre les pères-chefs de clan dégénérés, combats contre les atavismes inefficaces, combats contre l'homme blanc et son mépris, combats contre la trahison de son propre corps envers les siens et soi-même – tout cela écrit en lettres de sang dans les ouvrages amérindiens de Thériault et que, dans *L'herbe de tendresse*, on peut approfondir encore davantage. Car les textes esquimaux et amérindiens qui constituent *L'herbe de tendresse* éclairent encore l'œuvre par tout ce qu'on y reconnaît, parfois parce qu'il s'agit de versions autres de mythes déjà connus comme, par exemple, ce qui est raconté dans *Atisokan* et que l'on retrouve, bien que marqué de différences d'importance, dans *La quête de l'ourse*. Parfois aussi, les thèmes sont absolument neufs, et cela donne ces deux récits très beaux qui s'intitulent *La légende du rocher noir* et *L'éternité d'Aasho*.

Dans le premier conte, Thériault nous fait le récit d'une légende montagnaise, celle de ce guerrier qui entraîna toute sa tribu dans la mort parce qu'il voulait se battre contre l'eau, seule puissance qui, jusqu'alors, a résisté à l'Amérindien. Ce suicide collectif, dans la simplicité de sa représentation, est un véritable tour de force, pareil en cela à *L'éternité d'Aasho* racontant la vie de cette vieille Montagnaise qui, aux portes de la réserve, vend des paniers en attendant le retour de son homme, parti vers les villes des Blancs. Quand il reviendra, après tant d'années, *Meshtuk* (ce qui veut dire *arbre* en cri-montagnais) ne voudra même pas être reconnu, pas plus d'Aasho que de lui-même: ses racines sont maintenant dans le ciel, et il n'y a pas de mots dedans, que la pérennité de la permanence. Ce sera fête quand même, malgré l'apparence de l'ambiguïté, et continuation de la vente des paniers, dans la paix retrouvée, avec plus rien à attendre.

Bien sûr, on me dira que les Amérindiens ne pensent et n'agissent plus ainsi maintenant, qu'ils se sont retrouvés dans leur espace, leurs coutumes, leur dignité et leur courage. Tout cela est de réalité récente comme l'a prouvé entre autres ce qu'on a appelé la crise d'Oka. Vus dans cette perspective, les cycles esquimau et amérindien de Thériault sont l'œuvre d'un précurseur. Par elle *se fonde* l'établissement d'un pays autre parce que mieux compris, d'abord par l'Inuk et l'Amérindien eux-mêmes. Peut-être l'ignorent-ils encore (comme beaucoup d'entre nous d'ailleurs), mais Thériault, en parlant avec autant de pénétration de leur univers borné (dans le sens noble du terme), l'a pour ainsi dire obligé à éclater. Et comme on sait, rien ne saurait éclater politiquement tant que l'imaginaire n'a pas d'abord balisé le chemin.

C'est ce que Thériault a accompli par l'écriture pour l'Inuk et l'Amérindien. Un jour, ils sauront lui en montrer reconnaissance, comme nous d'ailleurs, et ainsi que la Chine l'a fait pour le docteur Norman Bethune: enfin, cette *sacralisation* méritée, non seulement celle d'un horrible travailleur, mais celle mille fois plus *prégnante* d'un père forgeron de mythologie.

11

« Pourquoi je me plains ?
Vous dites que c'est beau, la musique,
et heureux qui peut y vivre comme j'y vis,
dans la musique. Peut-être, oui — seulement,
moi, c'est moins drôle. Je n'ai pas d'oreille,
je ne comprends rien à la musique,
et je ne peux même pas chanter sur l'air…
Alors, vous comprenez ? »

Mon ami Lubianski

Quand Lorraine et moi nous rentrâmes dans la maison, Yves Thériault venait tout juste de terminer la lecture de mon texte. Il m'en félicita, mais à sa façon à lui, en me permettant de m'asseoir dans son fauteuil devant la vieille Remington sur laquelle il avait tapé tous ses romans esquimaux et amérindiens. Le geste me toucha par la reconnaissance que je devinais dedans. Et c'est en faisant bouger le chariot pour entendre la sonnerie en bout de marge qu'une idée un peu extravagante m'est venue: célébrer dans une grande fête toute la vie d'écriture de Thériault. Je savais par Lorraine que sa santé n'en menait pas très large et que, malgré sa résistance phénoménale, le ventre de la terre finirait par s'ouvrir pour que, dans du viscère chaud, il s'y retrouve à jamais. Je tenais à rendre témoignage à ma manière — comme quand j'étais enfant et que le grand-père Antoine nous accueillait dans sa grande maison des Trois-Pistoles pour une fête si bien orchestrée que toutes les données de la vie quotidienne s'en trouvaient bouleversées.

J'avais déjà reçu Yves Thériault quelques fois dans l'ancien chalet que j'habitais à Montréal-Nord. Gaston Miron y venait aussi avec sa fille Emmanuelle et Joseph-Henri Létourneux, et Philippe Haeck, et Jan-Marc Lavergne, et Michel Garneau — de longues soirées à manger le cipaille sauvage, à boire le vin rouge, à écouter Miron chanter ses poèmes et Yves Thériault raconter de truculentes anecdotes dont il riait lui-même avec un plaisir évident. Dans la musique et les chansons, Thériault oubliait la fâcherie qu'ailleurs il entretenait si agressivement contre le monde. Jamais de rancœur, à peine une subtile ironie parfois.

Je pense que, pour la première fois de sa vie, il se rendait compte du respect qu'on lui portait, ce dont nos pères, aussi bien en littérature que dans la vie toute simple, ont toujours manqué. C'était vrai au Québec et c'était vrai aussi à l'étranger. À en croire le monde, les femmes seules avaient bâti le Québec, elles seules méritaient qu'on les acclame. Pour preuve de ce que j'avance, aucun des grands prix littéraires français n'est allé à un romancier québécois, ce sont des femmes qui en ont toujours été les lauréates : Gabrielle Roy, Marie-Claire Blais, Anne Hébert et Antonine Maillet plutôt qu'Yves Thériault, André Langevin, Jacques Ferron et Hubert Aquin. À cause du mythe de la mère, elle seule responsable dans une société où l'homme n'a longtemps existé qu'en tant que géniteur et pourvoyeur ? À cause aussi de gouvernements pour qui la littérature a toujours été ravalée au rang d'un simple hobby par des faiseux du dimanche ou des empêcheurs de lire en rond ? Hors du folklore, aucun salut. La littérature, la vraie, c'est ailleurs qu'on la trouve, sûrement pas au Québec. C'était le cas en 1930, et ça l'est toujours. Pour preuve encore, ce geste symbolique fait par Lucien Bouchard quand, devenu premier ministre, il a pris possession de son bureau, y faisant installer une grande bibliothèque. Dedans, tous les livres de la Pléiade mais pas un seul québécois. Une mentalité de parfait colonisé et une insulte pour tous ceux-là qui, autrement qu'en chansons, ont nommé le pays, en ont dessiné la carte et balisé l'imaginaire. En fait, le véritable écrivain québécois, c'est pareil au mythe du bon sauvage: ça n'existe qu'une fois mort et pour le temps fort court d'un plat communiqué de presse!

En 1981, quand je me mis à organiser cette soirée en hommage à Yves Thériault, c'est la réponse que je reçus du ministère des Affaires culturelles, bien sûr péquiste. Trop occupé comme ses pareils à faire rouler le char de l'État, il ne viendrait pas à la fête mais enverrait un télégramme qui serait bien sympathique, avait-il pris soin de préciser. Furieux, j'insisterai tant auprès de lui qu'il finira par se pointer au Plateau, porteur d'un texte écrit par l'un de ses fonctionnaires qui connaissait tellement bien l'œuvre de Thériault que, sous sa plume, *Valère et le grand canot* était devenu *Valérien et le grand canot*!

Rendre hommage à Thériault, c'était d'abord rappeler la somme de ses écritures. Avec Michel Garneau, je fis le choix des contes et des extraits de roman que liraient les comédiennes Monique Mercure, Nicole Leblanc et Michelle Rossignol. Pour avoir joué dans les pièces radiophoniques et télévisées de Thériault, Marcel Sabourin me fit de judicieuses suggestions, me parlant avec tant de chaleur de *Frédange* que je me sentis coupable de ne pas l'avoir encore lue — ce que je fis par une nuit d'insomnie après avoir passé la soirée au téléphone, à essayer de rejoindre les gens dont la présence me paraissait indispensable sur la scène du Plateau.

Frédange se passe dans une maison de ferme, quelque part dans le monde. Des saucissons pendent aux poutres et il y a un âtre où flambe le feu. Et dans cette maison-là de ferme, on élève des chèvres et des moutons. Après avoir abandonné sa ferme durant cinq ans, Frédange revient régler ses comptes avec sa famille: la vieille mère va mourir et il est temps de réaligner la terre selon les cieux mêmes, c'est-à-dire d'en recueillir pour soi-même l'héritage. On se croirait dans un hameau de Provence à cause même des images utilisées par Thériault: «Je montais et le printemps grouillait dans le sol comme des vouloirs au creux d'une femme.» Ou ceci encore, venu tout droit de Giono, pour parler de jumeaux: «Mais moi, je pourrais me souvenir que c'est mon frère, le beau Frédange, qui lui a fait ses bessons à la fille de Loiron!»

Malgré tous ces emprunts de langage, si on se laisse tout de même séduire par la qualité et la vérité du monde imaginé par Thériault, c'est sans doute que *Frédange* aborde un thème peu courant dans son œuvre, celui de la peur — cette contrepartie à la sensualité des bêtes quand, démangées par le désir, elles s'accouplent dans le plein du jour, rugissantes et souveraines. Ce qui ne peut qu'autoriser le peuple du hameau à vouloir en faire autant, comme le raconte Berger:

«Au midi, je suis descendu dans le soleil jusqu'au bourg. Le sentier dévale la montagne en lacet; il chute ici, s'accroche là, c'est un mauvais sentier. Et c'est seulement plus bas qu'il devient un chemin, et à la fin, une route. Mais en bordure, depuis les premiers prés vraiment verts, il y a des fleurs. Alors, je me suis arrêté, tu comprends? et j'ai humé des odeurs de fleurs. Et sur les fleurs il y avait des abeilles venues des vallées, et elles me bourdonnaient aux oreilles. J'ai vu du vent, du vent large comme la main qui venait prendre une fleur par la corolle, la tenait, puis la balançait, comme ça. J'ai vu le vent, il était couleur d'or fondu et de ciel de printemps. Il était épais du doigt, il se tordait comme un long serpent souple. Il est arrivé du bas, il s'est glissé le long du sol, il a passé entre deux pierres, il est venu me caresser le dos de la main, puis il a brusquement viré vers les fleurs, il s'est appuyé contre une tige, il est venu jusqu'à une corolle, et c'est là qu'il l'a prise. Ensuite, il est reparti, long comme un pays, il a glissé le long de la pente, vers une fille qui glanait... Je l'ai vu monter le long de la jambe de la fille, puis le long de son dos; il a pris la fille par le cou, il a glissé dans le corsage et la fille s'est mise à rire, puis elle s'est assise par terre et ensuite elle s'est étendue là, sur le dos, et le vent est resté contre elle. Je ne sais ce qu'il lui faisait, ou ce qu'il lui disait, mais la fille hochait doucement la tête en gémissant, les yeux fermés, et ses talons labouraient le sol. Il est venu un gars de l'autre bout du champ, il a vu la fille, mais je crois qu'il n'a pas vu le vent, parce qu'il est venu se jeter près de la fille et ensuite il a fait comme le vent, mais avec ses mains à lui et son amour à lui et la fille criait, criait... Et avec le ciel de Dieu et la senteur du vent et le cri des bêtes et les cris de la fille, je te dis que c'était beau à me faire mourir. Je me suis assis et j'ai crié moi aussi, comme un fou, crié de joie, crié de voir tant de choses plus belles encore que tous les paradis promis.»

Voilà qui décrit bien l'habitation du monde diurne tel que raconté dans *Frédange*. Quand la nuit arrive, l'Univers bascule, se retourne sur lui-même, faisant venir l'envers des choses, cette solitude où chacun, même malgré lui, se retrouve menacé, ce dont parle sublimement la femme Méraille :

«Se retrouver seule, ce n'est pas au ventre qu'on a la panique. J'avais peur du poids du ciel, moi. Je viens des terres basses et des rues étroites. Ici, c'est trop large et trop grand. On se dit, voilà la nuit, je ne verrai rien, et je n'aurai plus crainte d'être seule. Mais justement la nuit cache le grand poids, le grand ciel, et s'il y a des étoiles, c'est pire, car on devine que la peur vient comme une bête qui se colle à vous.»

Pour Méraille, venue de la ville, comme pour tous ces autres-là nés en montagne, de quelle peur s'agit-il vraiment ? Sur un faîte de montagne, nous sommes trop près de Dieu, explique Méraille, et ce Dieu-là, nous le croyons bon et généreux alors qu'il suffit d'aller voir dehors, d'écouter les loups et d'entendre bruire les fonds de vallée pour comprendre qu'on se trompe :

«Dieu n'est pas bon, il n'est pas généreux. Il est bon pour la montagne, à qui il donne ses plantes, des vents, la neige des hivers et l'eau du printemps. Mais la montagne est immense, elle se compare à Dieu. Moi, contre la montagne, je ne suis rien. Je ne crois pas qu'il puisse être possible de parler à Dieu. Il n'entendrait pas ma voix. Il n'a qu'à remuer sa puissance en sommeillant, sans regarder comment il bouge et me voilà anéantie, et la maison démolie, et toutes choses et bêtes qui sont à nous, dispersées dans les pentes. »

Je m'excuse presque de citer autant le discours que tient Méraille à son mari Frédange. Quand il ne s'agit pas d'Amérindiennes, il est rare que Thériault fasse de la femme le personnage principal de l'histoire qu'il raconte : dans la plupart de ses contes, de ses romans et de ses radiothéâtres, la femme est carrément tributaire de l'*Anátkeh*, ce mot grec qui ouvre le *Notre-Dame de Paris* de Victor Hugo, et qui signifie la fatalité. Pour Thériault, cette fatalité femelle est celle d'être mère – pourvoyeuse d'enfants et n'existant qu'en fonction de leur *élevage*, donc à la merci de l'homme qui, par un premier coït généralement abusif, se l'est appropriée. De cette *défloration*, la femme ne peut se remettre ni se démettre, à la merci de l'odieux qui l'a pénétrée. Ce qui est beau dans *Frédange*, c'est que la proposition est renversée, la femme ne s'assumant plus simplement comme mère mais, bien avant son mari, comme le chef véritable de la tribu. Voilà pourquoi, son homme parti, elle n'a pas hésité à en prendre un autre, pour qu'il devienne la lumière de sa nuit, éloigne avec elle la peur et mette fin à la fuite en avant. « J'ai appris le courage, dit Méraille, c'est-à-dire : j'ai appris à tenir Dieu en échec. »

Face à ce discours, Frédange ne sait plus quoi répondre, sinon en s'attaquant à sa propre mère, si vieille que, presque tout le temps de la pièce, elle ne fait rien d'autre que de rester assise dans sa berçante en se contentant de geindre parfois. À sa mère, Frédange dit : « Je suis fait de mauvais bois, je sais. Mais je n'arrive pas à ne pas te haïr quand même.»

Et pourquoi?

Parce que, jeune, Frédange ne comprenait pas le poids du ciel: gardant les troupeaux, il lui arrivait de se jeter face contre terre et de pleurer. «J'étais seul, dit-il. La terre était aride et le pays désolé. Les gens des vallées riaient, dansaient, chantaient, et moi je ne savais pas chanter» — c'est-à-dire: cette imagerie tenace défaisant les hommes de la campagne profonde se percevant comme sous-humanité par rapport aux habitants de la ville (de là même d'ou vient Méraille). Si Frédange a fui le hameau de montagne, une seule raison: il fallait bien qu'il laisse la terre ingrate et sa mère la dominant pour connaître l'homme réel, celui de la plaine. Mais il n'y a rien appris, à cause de la haine lovée en lui comme un serpent venimeux, haine dont il n'a jamais pu se débourrer, ni par-devers sa mère ni par-devers sa femme. Bien plus que pour empocher l'héritage familial, c'est pour se libérer de sa haine que Frédange est revenu chez lui. Une fois la chose faite, il ne lui restera plus qu'à repartir: «Rester ici, qu'est-ce que j'en retirerais? Faire du neuf avec tout ce vieux, cet ancien, ce sale et ce mauvais!... Moi, je sais seulement continuer. Ici, ça ne serait pas possible de continuer, parce qu'il n'y a rien à continuer.»

Autrement dit, rien n'a commencé vraiment: il n'y a jamais eu de naissance, et pas davantage d'enfance que de vie adulte — rien qu'une mère usurpant le rôle de chef de la tribu (à cause d'un père plongé dans les ailleurs de son corps, inatteignable parce que non atteint par le paysage). Et aussi cette femme achetée par le mariage comme on achète le bétail, et à qui la maison ne peut désormais qu'appartenir — vengeance de la femme parce que possédante enfin. Pour la première fois, possédante enfin.

Même si *Frédange* n'est sans doute pas une très grande pièce, je fus content de l'avoir vue. Des auteurs qui me touchent, j'aime bien garder d'eux un ouvrage dont je ne voudrais prendre connaissance que le plus tard possible. Ça peut être n'importe quoi, un roman inachevé, un journal de jeunesse, quelques pages d'un carnet ou une série de poèmes oubliés. C'est ainsi que j'ai tout lu de Beckett, sauf *La dernière bande*. C'est ainsi que j'ai tout lu de Gabrielle Roy, sauf *La petite poule d'eau*. Dans le cas de Thériault, c'est *La passe-au-crachin*, un roman dont j'ignore encore tout même s'il a été publié en 1972. Je sais bien que j'y viendrai un jour et que, même si le roman était ennuyeux à mort, j'y trouverai quand même mon fond de penouil.

La parenthèse de *Frédange* fermée, je reviens à cette fête que j'organisais pour Yves Thériault. Parmi les gens que j'avais invités, il y avait évidemment Jacques Ferron. Il ne me parut pas très chaud par-devers mon idée de célébrer Thériault et prétexta un rendez-vous indéplaçable pour justifier qu'il ne serait pas de la célébration. Quand je le fis savoir à Lorraine, elle insista pour que je rappelle Ferron afin de le convaincre que sa présence serait grandement appréciée au Plateau. Lorraine ajouta même que la santé de

Thériault l'inquiétait au point qu'un médecin serait peut-être utile:

— Yves aimerait que ce médecin-là, ce soit Ferron, ajouta-t-elle avant de raccrocher.

Pour des raisons bien évidentes, j'hésitais à rappeler Ferron. Entre lui et Thériault, il n'y avait jamais eu beaucoup d'atomes crochus, sans doute parce que les deux se tenaient à l'opposé l'un de l'autre, Ferron iconoclaste et Thériault populiste, Ferron indépendantiste et Thériault simplement nationaliste, et, encore là, n'était-ce qu'à son corps défendant. Pour Thériault, le Canada était une réalité et pas nécessairement négative; pour Ferron, c'était un enfer dont il nous fallait sortir à tout prix. Il y avait aussi un vieux fond de rivalité entre les deux: pourtant adulés par l'institution scolaire, les contes de Ferron y étaient très peu lus alors que partout, on ne cessait pas d'étudier ceux de Thériault malgré le mépris qu'il avait pour les maîtres d'école. Dans le village traditionnel québécois, celui qu'a si bien su décrire Claude-Henri Grignon, Ferron aurait été le notaire Le Potiron, un petit bourgeois précieux parce que fier-pet, et Thériault le rebelle Alexis Labranche, un délinquant couailleux de jupons et d'aventures, peut-être, mais le maître apprécié d'un langage dru parce que vrai. Deux mondes trop différents l'un de l'autre pour que, se retrouvant ensemble, le plaisir vienne vraiment.

Parce que je tardais à rejoindre Ferron, j'appris par Lorraine que Thériault en faisait du sang de punaise. Je laissai donc de côté ma réticence et je rappelai une fois encore celui que j'appelais toujours l'oracle de Longueuil.

Quand je lui dis ce que Thériault attendait de lui, Ferron me répondit:

— Lévy, est-ce que vous êtes vraiment sérieux? De quoi j'aurais l'air si j'arrivais au Plateau avec mon portuna à la main? On se retrouverait dans un vaudeville, nulle part ailleurs.

Je n'insistai pas davantage auprès de Jacques Ferron et me contentai, avec Yan Tremblay, alors régisseur de Jean-Guy Moreau, de préparer comme il faut cette soirée en hommage à Thériault. Quand le moment de ça vint, la salle du Plateau n'était plus qu'effervescence. Thériault y arriva avec sa tribu et prit place comme je le lui demandai, tout en avant de la salle, dans cette rangée d'honneur comme je le lui dis avec un brin d'ironie. Thériault était de belle humeur et, l'un devant l'autre, nous plaisantâmes sur la littérature et sur tout ce qu'il y a entre ça et ça. Puis, la fête devant commencer, j'allais prendre congé de lui quand je vis Jacques Ferron s'avancer vers nous, sans portuna. Il salua Thériault et lui dit: «Mon cher Yves, j'ai signé hier soir l'acte de décès de Jovette Bernier. Je suis à votre disposition ce soir.» Thériault ne répondit rien, pas plus que moi d'ailleurs qui entraînai Jacques Ferron dans les coulisses où, assis sur un banc, il assista sans mot dire à la cérémonie aussi débridée que joyeuse — le grand rire de Jean-Claude Germain, les chansons de Jean-Pierre Ferland, de Pauline Julien et de Raymond Lévesque, ces témoignages d'émotion non retenue, les mots mêmes de Thériault déclamés par Marcel Sabourin et, comme apothéose, l'arrivée sur scène de Marie José, la fille de Thériault, puis celle de

Gilles Vigneault. On ne sortit du Plateau qu'à une heure du matin pour continuer la fête dans un restaurant du Vieux-Montréal. Ferron ne nous y accompagna pas: après l'intervention de Gilles Vigneault, il s'était éclipsé comme il était arrivé, pour ainsi dire sur la pointe des pieds.

Aux petites heures du matin, Yves Thériault rentra à Rawdon, fourbu mais visiblement heureux. Dans ce parc de stationnement derrière le restaurant, il m'avait serré contre lui, puis embrassé:

— T'es un vrai copain: je t'aime bien.

Appuyé à ma voiture dans ce parking, je fumai une bonne pipée, à regarder la nuit qui faisait de Montréal cette manière de château magique, et tel que décrit si fabuleusement par Jacques Ferron — un monde d'ombres dans lequel voyage l'œil nyctalope, ameutant les rêves les plus fous que l'on porte en soi. Cette nuit-là, le mien était de monter dans ma machine, de traverser le pont Jacques-Cartier et de prendre cette route qui me mènerait jusqu'aux Trois-Pistoles. Je venais d'y acheter une grande maison et je comptais bien m'y installer à demeure. J'avais besoin de me rapailler dans tous mes morceaux parce que ma vie faisait eau de toutes parts: ça n'allait plus avec la femme rare que j'avais épousée et ma maison d'édition était plus que jamais un gouffre financier; pour que ça ne coule pas à pic, j'y mettais tout l'argent que je gagnais, souvent en travaillant la nuit. Me guettait un grand désastre, celui d'être incapable d'achever vraiment *La grande tribu*, ce gros roman sur lequel je besognais depuis cinq ans déjà sans jamais arriver à le rendre dans ses grosseurs parce que le temps me manquait.

Un livre de mille deux cents pages, ça ne s'écrit pas en y passant deux heures par jour, ça demande l'investissement total de soi-même. Sinon, on finit par perdre de vue le projet d'écriture et ça se met à piétiner en soi et tout autour de soi.

En 1981, c'était là où j'en étais rendu et, comme le Thériault de 1968, me taraudait le besoin de changer de cap. Dans les premiers chapitres de ce livre, j'ai fait état d'une citation de Thériault qui résumait parfaitement la profondeur de son désir de 1968. Si je la reprends encore ici, c'est que je l'ai faite mienne en achetant ma maison aux Trois-Pistoles:

«Je rêve à un fleuve et, dominant le fleuve, une maison.

«Je rêve à de longs jours blancs d'hiver et, dans la maison, une quiétude toute chaude. Et là-dedans, dans cette paix retrouvée, le temps, le temps d'écrire.

«N'être que ce que l'on a voulu être mais l'être dans un temps qui nous appartienne. Pas dans un temps qui est à l'heure de la vie fébrile. Car alors il n'y a plus d'œuvre possible.»

Sur la route me menant aux Trois-Pistoles, je m'arrêtai au motel *Le Dauphin* de Drummondville comme ça m'arrive encore parfois quand je fais la navette entre les Trois-Pistoles et Montréal. Par la fenêtre de ma chambre, il me semble que je vois toujours l'exposition agricole se tenant dans le champ qu'il y avait entre le motel et l'autoroute. Au beau milieu de la foire, on avait dressé une grande tente et c'est là-dessous que j'ai vécu avec Thériault le plus bizarre de tous les salons du livre auxquels j'ai jamais participé, dans le meuglement des vaches, les cris des cochons et les chevaux hennissant aussi fort que le fameux étalon noir dans *Kesten*. Devant notre kiosque, une bonne sœur vendait ses livres sur l'écologie forestière. Elle était toute pimpante, plutôt belle à cause de ses yeux coquins et d'une bouche si pulpeuse qu'elle en était attirante. Se souvenant de ce temps où il courait le jupon, Thériault m'a dit :

— Si j'avais vingt ans de moins, je m'en occuperais de la petite religieuse. Je ne traînerais pas avec ça, tu peux me croire.

Comme je ne réagissais pas, Thériault de surenchérir en me promettant de me payer à dîner si je le remplaçais auprès de la bonne sœur et parvenais à la séduire. Je traversai le trottoir de bois qui me séparait d'elle et l'invitai à m'accompagner dans un bistrot de Drummondville pour un prétendu festival de jazz. Toute la musique avait été repiquée à partir des cassettes d'un maniaque de Charlie Parker, de Thelonious Monk et de Dizzy Gillespie, mais la bonne sœur et moi nous ne nous en rendîmes pas vraiment compte à cause de la vodka qu'on ingurgitait plutôt prestement, moi pour cacher la gêne que j'éprouvais malgré tout à faire du plat à une ursuline et elle parce que ça devait l'exciter d'avoir les pieds nus sous la table et d'en frôler mes jambes.

Le premier soir, nous en restâmes là, à jouer les adolescents effarouchés. Le lendemain, ce fut une tout autre histoire. Juste avant la fermeture du salon du livre, la petite religieuse me demanda la clé de ma chambre de motel sous le prétexte qu'elle voulait prendre une douche avant de monter dans sa machine pour retourner dans sa communauté. Il avait fait grand soleil toute la journée et, sous la tente où nous étions installés, on se serait cru dans une étuve. C'est donc sans arrière-pensée que je remis ma clé à la bonne sœur avant d'aller casser la croûte avec Thériault. Quand je revins au motel, je passai par la réception afin d'y prendre la clé que j'avais prêtée, puis j'ouvris avec la porte de ma chambre. Je fus pris de court, c'est le cas de le dire : dans un déshabillé affriolant, ses longs cheveux dénoués sur les épaules, du rouge aux lèvres et du fard sur les joues, la petite religieuse m'attendait au milieu de bougies allumées. Ce fut une nuit de grande douceur, pleine d'une sensualité étrange comme on n'en voit généralement que dans les films. Et la tête de Thériault le lendemain matin quand il nous vit sortir de la chambre, la petite religieuse et moi !

La voiture roulait toujours vers les Trois-Pistoles et le jour se levait lentement, aussi blême que je devais l'être moi-même. Je pensais à la joie qu'Yves Thériault avait manifestée tout au long de cette soirée dans la salle du Plateau et je pensais aussi que ça serait bientôt la fin pour lui. Quand il allait mourir, est-ce que les éditeurs seraient nombreux à assister à ses funérailles ? Il n'en était pas venu un seul au Plateau pour témoigner sur scène, sinon de leur amitié pour Thériault, du moins de l'importance qu'il avait eue dans leur vie d'éditeur. Quand je leur avais téléphoné pour les inviter à la fête, certains n'avaient pas mâché leurs mots : même s'ils avaient publié quelques ouvrages de Thériault, ils ne le considéraient pas véritablement comme un auteur de leur maison: «Il est venu chez moi par simple besoin d'argent, parce que la vache à lait était tarie ailleurs. Il ne s'intéressait même pas à ce que je publiais.» Le commentaire le plus dur, c'est de la bouche de Paul Michaud que je l'ai entendu. Par sa compagne Lorraine, Thériault m'avait fait savoir qu'il apprécierait même l'envoi d'un simple télégramme de la part de celui qui avait été véritablement son premier éditeur. Je ne savais alors rien de la grande déception de Michaud à cause du lancement raté d'*Agaguk* à Paris par la faute d'un Thériault grand buveur et porté comme pas un sur la bagatelle. Aussi est-ce en toute naïveté que j'ai rejoint Michaud chez lui. À la seule mention du nom de Thériault, le timbre de voix de mon interlocuteur changea tout de suite: «Je ne veux rien savoir de votre monsieur Thériault, ni maintenant ni jamais. Pour moi, c'est mort depuis longtemps et ça ne demande qu'à le rester.» Près de quinze ans après la disparition de Thériault, c'est toujours ce langage-là que tiendra Michaud dans son autobiographie:

«La fille d'Yves Thériault, Marie José, déplora, dix ans après la mort de son père, que personne du milieu n'ait cru bon de souligner, ne fût-ce que par un rappel discret, cet anniversaire. Pour ma part, je n'en ai pas été surpris: de toute sa vie, je ne lui ai pas connu un seul ami. Il avait, inné en lui, un manque d'aptitude à l'amitié qui décourageait les mieux disposés. J'en suis venu, pour ma part, à me dépenser davantage pour l'écrivain que pour l'homme. Ses belles années, Thériault ne les connaîtra que beaucoup plus tard, lorsque le ministère des Affaires culturelles obligera par décret les étudiants à lire les auteurs canadiens. Il aura été le plus lu et le plus étudié parce qu'il aura été le plus prolifique de ces années-là, mais il aura été encensé par contrainte et lu sous la sanction de plus ou moins bonnes notes scolaires, ce qui n'est pas nécessairement un critère de réussite : on a vu tellement de premiers de classe rater leur vie. Je crains seulement qu'avec les années, la majeure partie de son œuvre ne tombe dans l'oubli. »

Ce que Michaud dit d'Yves Thériault, c'est pire que de la hargne, c'est l'expression toute nue du grand dépit amoureux qu'il a connu avec l'échec d'*Agaguk* sur le marché français. Faut dire cependant que, même après sa rupture avec Michaud, Thériault n'a pas fait grand-chose pour s'amender par-devers lui. Comme le raconte Alain Stanké dans ses *Occasions de bonheur* :

« Paul Michaud m'apprit qu'il venait de retrouver dans un coin de son coffre-fort deux manuscrits inédits d'Yves Thériault. Il les avait obtenus de l'écrivain plusieurs années auparavant, au moment où celui-ci — à court d'argent — se faisait payer à la page. Ayant abandonné l'édition, Michaud me proposa de les acquérir pour une somme forfaitaire. Je sautai sur l'occasion et, dès que j'ai eu les manuscrits en main, je les confiai à un de mes précieux conseillers de l'époque, Jean-Noël Tremblay, en le priant instamment de les lire pour me donner son opinion. Sa réponse ne tarda pas à venir :

« — Je viens de lire les deux manuscrits. Il n'y a aucun problème avec *La quête de l'ourse*. C'est un très bon roman. Quant au second, *Le collier*, je vais t'éviter une catastrophe. En effet, il a déjà été publié il y a quelques années chez un de tes confrères, sous un titre différent.

« Paul Michaud en fut le premier surpris. Ignorant tout de l'affaire, se confondant en excuses, il n'hésita pas à le reprendre en remboursant la dépense occasionnée.

« Lorsque je parlai de cet incident de parcours à Yves, il éclata de rire. »

Pour avoir fréquenté Thériault, je ne suis pas étonné ni de sa réaction ni du mauvais tour qu'il avait joué à Michaud. Pierre Tisseyre, un autre de ses nombreux éditeurs, en avait aussi de bonnes à raconter: il achetait par avance trois manuscrits de Thériault et celui-ci, une fois leur écriture terminée, allait les faire éditer ailleurs sous des titres différents! Thériault se vantait aussi à moi d'avoir cédé à des collectionneurs les supposés manuscrits de certains de ses romans, mais c'étaient des faux qu'il fabriquait lui-même:

— Je prends la version imprimée, je la retape à la machine en en faisant une copie au papier carbone puis sur les deux exemplaires je m'amuse à apporter des corrections, mais jamais les mêmes et jamais aux mêmes endroits. Ça me rapporte parfois davantage qu'un nouveau livre que j'écrirais.

Je ne sais pas si Thériault blaguait en me racontant ses exploits, mais je me souviens encore de cette rumeur qui, un certain temps, a circulé dans les milieux littéraires de Montréal, à l'effet que Thériault s'était payé la tête du conservateur d'une grande bibliothèque de la Saskatchewan en même temps que celle de celui qui achetait les manuscrits pour la Bibliothèque nationale du Québec: aux deux, Thériault aurait refilé le supposé manuscrit original de *Kesten*!

Autrement dit, Thériault n'était pas un auteur très aimable, ce qui explique qu'en retour si peu d'éditeurs l'aient véritablement aimé aussi.

C'est en tous les cas la leçon que je tirais de leur absence de la veille, alors qu'au Plateau un millier de personnes célébraient Yves Thériault. Assis au volant de ma machine devant la maison que j'habiterais désormais aux Trois-Pistoles, je pensais à tout ce que la vie peut avoir de capricieux puisqu'elle ne se constitue de rien d'autre que de hasards: si, en 1959, Thériault n'avait pas harcelé les femmes travaillant chez Grasset et s'il avait gagné le prix Goncourt avec *Agaguk* au lieu de se brouiller définitivement avec son éditeur, aurait-il écrit ce qu'il a écrit par la suite, souvent en tournant les coins carré pour prouver à tous qu'il était le premier écrivain à gagner professionnellement sa vie au Québec? Je sais bien que la question est tout à fait oiseuse, mais c'est quand même celle-là que je me posais en entrant enfin chez moi, quelques livres de Thériault dans une main et un fiasque de gros gin dans l'autre.

Sauf pour une vétuste chaise berçante oubliée au milieu de la cuisine, la maison était vide comme le cœur d'une vieille épinette à corneilles dévorée par la tordeuse. Je me laissai tomber dedans, puis je regardai le nouveau monde dans lequel j'allais vivre désormais. C'était manifestement trop grand pour moi qui allais habiter tout fin seul, avec rien d'autre que l'écriture pour faire face à la solitude qui m'attendait. Je bus quelques gorgées de gros gin pour ne pas y penser – quand Thériault ne serait plus là, que Ferron et Lemelin s'en iraient aussi, que deviendrais-je moi-même? Si je n'étais pas un *tueur de père,* je ne voulais pas vraiment en devenir un puisque ça n'avait rendu heureux aucun des trois. Le seul espoir que j'avais, c'est que moi j'étais revenu au creux du pays natal après un exil intérieur de plus de vingt ans. Je voulais réapprendre la vie simple: un coq qui chante dès que le jour se lève, quelques poules, des moutons et des chèvres, un vieil Allis Chalmer, du foin qui sent bon parce que fraîchement coupé, des fruits sauvages à cueillir le long de la Boisbouscache et tout ce temps disponible enfin devant moi.

Je bus encore quelques gorgées de gros gin, puis j'ouvris le premier des livres d'Yves Thériault que j'avais apportés avec moi. Ça tombait bien: c'était *La passe-au-crachin,* un roman que je n'avais pas encore lu. Et ça commençait tout simplement ainsi:

« Un jour, un autre jour encore, sans que ce fût là un geste nouveau ou surprenant, Jean, qui venait d'amarrer la barque, monta du quai en estacade jusqu'à la maison, se tint dans la porte, et dit à Marie:

« – J'ai de la morue, viens. »

Aux Trois-Pistoles,
le 24 juillet 1999

BIBLIOGRAPHIE[1]

✤ ✤

ŒUVRES D'YVES THÉRIAULT
*Cette nomenclature comprend la première édition
et la dernière des œuvres citées
(ou les deux dernières lorsqu'elles sont toutes deux sur le marché).*

Contes pour un homme seul, nouvelles, Montréal, L'Arbre, 1944; Montréal, BQ, 1993.

La fille laide, Montréal, Beauchemin, 1950; Montréal, Typo, 1994.

Le dompteur d'ours, Montréal, Cercle du livre de France, 1951; Montréal, Les Quinze, éditeur, coll. «10/10», 1989.

La vengeance de la mer, Montréal, Publications du Lapin, coll. «Petit livre populaire», 1951.

Les vendeurs du temple, Québec, Institut littéraire de Québec, 1951; Montréal, Typo, 1995.

Le drame d'Aurore l'enfant martyre (sous pseudonyme), Québec, Diffusion du livre, 1952.

Aaron, Québec, Institut littéraire de Québec, 1954; Montréal, Typo, 1995.

---

1. Nous remercions les Éditions Typo de nous avoir permis de reproduire cette bibliographie de Denis Carrier, corrigée par Marie José et Michel Thériault.

Agaguk, Paris, Grasset, 1958; Montréal, Les Quinze, éditeur, 1980; Montréal, Typo, 1993. Également publié dans huit autres langues.

Alerte au camp 29, Montréal, Beauchemin, 1959.

La revanche du Nascopie, Montréal, Beauchemin, 1959.

Ashini, Montréal et Paris, Fides, 1960; Montréal, Fides, coll. «BQ», 1988. Également publié en anglais.

Roi de la Côte-Nord. La vie extraordinaire de Napoléon-Alexandre Comeau. Naturaliste, médecin, franc-tireur, trappeur, photographe, pêcheur, cartographe, interprète, conseiller, navigateur, portageur, sage-homme, écrivain, chirurgien, sauveteur, télégraphiste, garde-chasse, visionnaire, autodidacte, Montréal, Éditions de l'Homme, 1960.

L'homme de la Papinachois, Montréal, Beauchemin, 1960.

La loi de l'Apache, Montréal, Beauchemin, 1960.

Amour au goût de mer, Montréal, Beauchemin, 1961; Montréal, Libre Expression, 1981.

Les commettants de Caridad, Québec, Institut littéraire de Québec, 1961; Montréal, Éditions de l'Homme, 1966.

Cul-de-sac, Québec, Institut littéraire de Québec, 1961; Montréal, Les Quinze, éditeur, coll. «10/10», 1981.

Séjour à Moscou, Montréal et Paris, Fides, 1961.

Le vendeur d'étoiles et autres contes, Montréal et Paris, Fides, 1961; Montréal, BQ, 1995.

Si la bombe m'était contée, Montréal, Éditions du Jour, 1962.

La montagne sacrée, Montréal, Beauchemin, 1962.

Le rapt du lac Caché, Montréal, Beauchemin, 1962.

Nakika, le petit Algonquin, Montréal, Beauchemin, 1962.

Le grand roman d'un petit homme, Montréal, Éditions du Jour, 1963; Montréal, Éditions du Jour, 1969.

Avéa, le petit tramway, Montréal, Beauchemin, 1963.

Les aventures de Ti-Jean, Montréal, Beauchemin, 1963.

Les extravagances de Ti-Jean, Montréal, Beauchemin, 1963.

Maurice, le Moruceau, Montréal, Beauchemin, 1963.

Nauya, le petit Esquimau, Montréal, Beauchemin, 1963.

Le ru d'Ikoué, Montréal et Paris, Fides, 1963; Montréal, Fides, 1977.

Ti-Jean et le grand géant, Montréal, Beauchemin, 1963.

La rose de pierre. Histoires d'amour, nouvelles, Montréal, Éditions du Jour, 1964; Montréal, Libre Expression, 1981.

Zibou et Coucou, Montréal, Leméac, 1964.

La montagne creuse, Montréal, Lidec, 1965.

Le secret de Mufiarti, Montréal, Lidec, 1965.

Les temps du carcajou, Québec, Institut littéraire de Québec, 1965; Montréal, Les Quinze, éditeur, coll. «10/10», 1982.

Le château des petits hommes verts, Montréal, Lidec, 1966.

Les dauphins de Monsieur Yu, Montréal, Lidec, 1966.

Le dernier rayon, Montréal, Lidec, 1966.

L'appelante, Montréal, Éditions du Jour, 1967; Montréal, BQ, 1989.

L'île introuvable, nouvelles, Montréal, Éditions du Jour, 1968; Montréal, BQ, 1996.

Kesten, Montréal, Éditions du Jour, 1968; Montréal, BQ, 1989.

Machigan, récit, Montréal, Leméac, 1968.

Le marcheur, théâtre, Montréal, Leméac, 1968; Montréal, SYT, 1996.

La mort d'eau, Montréal, Éditions de l'Homme, 1968.

N'TSuk, Montréal, Éditions de l'Homme, 1968; Montréal, Les Quinze, éditeur, coll. «10/10», 1990. Également publié en anglais.

Les pieuvres, Montréal, Lidec, 1968.

Les vampires de la rue Monsieur-le-Prince, Montréal, Lidec, 1968.

Antoine et sa montagne, Montréal, Éditions du Jour, 1969; Montréal, BQ, 1995.

L'or de la felouque, Québec, Jeunesse, 1969.

Tayaout, fils d'Agaguk, Montréal, Éditions de l'Homme, 1969; Montréal, Les Quinze, éditeur, 1981; Montréal, Les Quinze, éditeur, coll. «10/10», 1981.

Textes et documents, Montréal, Leméac, 1969.

Valérie, Montréal, Éditions de l'Homme, 1969.

Le dernier havre, Montréal, L'Actuelle, 1970; Montréal, Typo, 1996.

Frédange suivi de *Les terres neuves*, théâtre, Montréal, Leméac, 1970.

La passe-au-crachin, Montréal, René Ferron, éditeur, 1972.

Le haut pays, Montréal, René Ferron, éditeur, 1973.

Agoak, l'héritage d'Agaguk, Montréal, Stanké et Les Quinze, éditeur, 1975; Montréal, Stanké, coll. «10/10», 1981. Également publié en anglais.

Œuvre de chair, nouvelles, Montréal, Stanké, 1975; Montréal, VLB éditeur, 1982.

Les aventures d'Ori d'Or, Montréal, Paulines, 1979.

Cajetan et la taupe, Montréal, Paulines, 1979.

Le partage de minuit, Montréal, Quebecor, 1980.

Popok, le petit Esquimau, Montréal, Quebecor, 1980.

La quête de l'ourse, Montréal, Stanké, 1980.

L'étreinte de Vénus. Contes policiers, Montréal, Quebecor, 1981.

La femme Anna et autres contes, Montréal, VLB éditeur, 1981.

Kuanuten (vent d'est), Montréal, Paulines, 1981.

Pierre Gilles Dubois, Laprairie, Marcel Broquet, coll. «Signatures», 1981.

Valère et le grand canot, nouvelles, Montréal, VLB éditeur, 1981; Montréal, Typo, 1996.

Le coureur de marathon, Montréal, Éditions Hurtubise HMH, 1983.

L'herbe de tendresse, nouvelles, Montréal, VLB éditeur, 1983; Montréal, Typo, 1996.

Moi, Pierre Huneau, Montréal, BQ, 1989.

Cap à l'amour!, récits, Montréal, VLB éditeur, 1990.

Yves Thériault a également écrit:

➤ plus de 100 contes, nouvelles et récits qui ont été publiés dans divers magazines et journaux;

➤ environ 75 articles, éditoriaux et essais;

➤ d'innombrables chroniques;

➤ plus de 100 textes radiophoniques;

➤ 20 téléthéâtres.

ÉTUDES CRITIQUES SUR YVES THÉRIAULT

ARCHAMBAULT, Gilles, présentation des *Contes pour un homme seul*, Montréal, BQ, 1993, p. 10-13.

BEAULIEU, Victor-Lévy, «Pour célébrer la beauté du conteur», préface de *Valère et le grand canot*, par Yves Thériault, Montréal, VLB éditeur, 1981, p. 9-28.

BEAULIEU, Victor-Lévy, «Pour saluer un géant», préface de *La femme Anna et autres contes*, par Yves Thériault, Montréal, VLB éditeur, 1981, p. 9-37.

BEAULIEU, Victor-Lévy, «Pour célébrer l'Esquimau et l'Amérindien», préface de *L'herbe de tendresse*, par Yves Thériault, Montréal, VLB éditeur, 1983, p. 9-35.

BÉRUBÉ, Renald, «Yves Thériault ou la lutte de l'homme contre les puissances obscures». *Livres et auteurs canadiens*, 1968, p. 15-25.

BÉRUBÉ, Renald, «Yves Thériault ou la recherche de l'équilibre originel», *Europe*, nᵒˢ 178-179, février-mars 1969, p. 51-56.

BÉRUBÉ, Renald, «Yves Thériault et la Gaspésie de la mer», *Possibles*, vol. II, nᵒˢ 2-3, hiver-printemps 1978, p. 147-165.

BÉRUBÉ, Renald, «Keften et son dragon bâtard», préface de *Keften*, par Yves Thériault, Montréal, BQ, 1989, p. 7-16.

BÉRUBÉ, Renald, «Pierre Huneau au Havre Saint-Pierre», préface de *Moi, Pierre Huneau*, par Yves Thériault, Montréal, BQ, 1989, p. 7-17.

BÉRUBÉ, Renald, «L'amour (des contes) en ses caps et ses détours», préface de *Cap à l'amour*, par Yves Thériault, Montréal, VLB éditeur, 1990, p. 9-24.

BÉRUBÉ, Renald, «L'île introuvable d'Yves Thériault : le narrateur/conteur comme ex-auditeur de son conte/nouvelle», *Tangence*, n° 50, mars 1996, p. 20-35.

BÉRUBÉ, Renald, présentation du *Marcheur*, par Yves Thériault, Montréal, SYT, 1996, p. 7-27.

BESSETTE, Gérard, «Le primitivisme dans les romans de Thériault» dans *Une littérature en ébullition*, Montréal, Éditions du Jour, 1968, p. 111-216.

BROCHU, André, «Yves Thériault et la sexualité», dans *L'instance critique*, Montréal, Leméac, 1974, p. 133-155.

CARON, Louis, «Un pacte», préface de *L'île introuvable*, par Yves Thériault, Montréal, BQ, 1996, p. 7-10.

COLLECTIF, «Yves Thériault, une écriture multiple», *Études littéraires*, vol. XXI, n° 1, printemps-été 1988, 189 p.

DORION, Gilles, et Maurice ÉMOND, «Dossier: Yves Thériault», *Québec français*, n° 23, octobre 1976, p. 21-28.

ÉMOND, Maurice, *Yves Thériault et le combat de l'homme*, Montréal, Hurtubise HMH, coll. «Les cahiers du Québec», 1973.

ÉMOND, Maurice, «*Ashini* ou la nostalgie du Paradis perdu», *Voix et images du pays*, vol. IX, 1975, p. 35-62.

ÉMOND, Maurice, «Yves Thériault, conteur et nouvelliste», XYZ, vol. I, n° 3, automne 1985, p. 62-66.

ÉMOND, Maurice, préface de *Ashini*, par Yves Thériault, Montréal, BQ, 1988, p. 7-13.

GOULET, André, «Les pièges du rêve», préface d'*Antoine et sa montagne*, par Yves Thériault, Montréal, BQ, 1995, p. 7-12.

HESSE, Gerda, *Yves Thériault, Master Storyteller*, New York, Peter Lang Publishing, 1993.

JACOB, Roland, «Yves Thériault, romancier», *Revue de l'Université Laval*, vol. XVII, n° 4, décembre 1962, p. 352-359.

LACROIX, Yves, «Lecture d'*Agaguk*», *Voix et images*, vol. V, n° 2, hiver 1980, p. 245-269.

LAFRANCE, Hélène, *Yves Thériault et l'institution littéraire québécoise*, Québec, IQRC, coll. «Edmond-de-Nevers», n° 3, 1984.

MAILHOT, Laurent, «Un réalisme aveugle ou visionnaire?», préface de *L'appelante*, par Yves Thériault, Montréal, BQ, 1989, p. 7-13.

MAILHOT, Laurent, «La montagne et les souris chez Yves Thériault», dans *Ouvrir le livre*, Montréal, l'Hexagone, 1992, p. 151-162.

MARTEL, Réginald, «La lutte de l'homme et du cheval» et «Entre la force et la fragilité», dans *Le premier lecteur*, Montréal, Leméac, 1994, p. 304-308.

MÉNARD, Jean, «Yves Thériault et l'évolution d'un romancier», *La revue dominicaine*, vol. LXVI, n° 2, 1960, p. 206-215.

MICHAUD, Paul, *Au temps de l'Index: Mémoires d'un éditeur, 1949-1961*, Montréal, Libre Expression, 1996, 283 p.

SIMARD, Jean-Paul, *Rituel et langage chez Yves Thériault*, Montréal, Fides, 1979.

SOUCY, Jean-Yves, «Un regard naïf», préface de *Le vendeur d'étoiles*, par Yves Thériault, Montréal, BQ, 1995, p. 7-13.

STANKÉ, Alain, *Occasions de bonheur*, Montréal, Éditions Alain Stanké, 10/10, 1993, 437 p.

Entretiens avec Yves Thériault

BÉRUBÉ, Renald, «35 ans de vie littéraire», *Voix et images*, vol. v, n° 2, hiver 1980, p. 223-243.

CARPENTIER, André, *Yves Thériault se raconte*, Montréal, VLB éditeur, 1985, 188 p.

ROYER, Jean, «J'écris pour tout le monde», *Écrivains contemporains, entretiens* I: 1976-1979, Montréal, l'Hexagone, 1982, p. 141-146; *Romanciers québécois, entretiens*, Montréal, l'Hexagone, coll. «Typo», 1991, p. 296-301.

SMITH, Donald, *L'écrivain devant son œuvre*, Montréal, Québec/Amérique, 1983, p. 59-84. Également traduit par Larry Shouldice, *Voices of Deliverance*, Toronto, Anansi, 1986, p. 57-81.

CET OUVRAGE, COMPOSÉ EN FOURNIER 13/16,
A ÉTÉ ACHEVÉ D'IMPRIMER À BOUCHERVILLE,
SUR LES PRESSES DE MARC VEILLEUX IMPRIMEUR,
EN OCTOBRE MIL NEUF CENT QUATRE-VINGT-DIX-NEUF.